JN437123

미국법 시리즈

Law of Remedies

미국 구제법

강병진 저

법률신문사

| PREFACE |

이 책은 미국의 구제법(Law of Remedies)에 대한 전반적인 해설서로서 구제에 관한 법을 이해하기 쉬운 방식으로 설명하는 데 목적을 두고 있습니다. 그 동안 구제법을 강의하면서 정리해 두었던 강의안을 정리하여 출판하게 되었습니다.

이 책에서 다루는 구제법은 크게 법적 구제(Legal Remedies), 부당이득반환(Restitution), 형평법적 구제(Equitable Remedies), 형평법적 항변(Equitable Defenses), 특정 영역에서의 구제(Remedies in Specific Areas)에 대한 내용으로 이루어져 있습니다. 위의 사항들에 대한 주요 내용을 상세히 다루고, 구제법에 대한 전반적인 내용을 학습할 수 있도록 구성하였습니다.

이 책은 구제법의 기본 내용을 체계적으로 학습하고자 하는 분들을 위한 책입니다. 특히, 미국변호사 자격을 취득하고자 하는 분들은 이 책을 통해 시험에 필요한 이론들을 체계적으로 학습할 수 있는 교재로 활용할 수 있을 겁니다. 미국 로스쿨 입학을 앞두고 있는 분들은 기본적인 지식을 얻는 준비서로서 구제법에 대한 용어에 익숙해질 수 있는 기회가 될 것이고, 미국법을 학습하고자 하는 분들은 구제법에 대한 전반적인 이론을 접하는 학습서로서 활용할 수 있을 겁니다.

이 책의 구제법은 불법행위법(Torts), 계약법(Contract Law) 및 부동산법(Real Property)과 같은 영역에서 적용되는 구제에 대한 일반적인 설명을 하고 있습니다. 따라서 구체적 상황별 상세 사항은 해당 영역에서 더 구체적으로 설명되어 있을 수 있습니다. 또한 캘리포니아주 법의 일부 관련 내용이 같이 설명되어 있습니다.

이 책 내용의 서술은 영어 원문과 한국어 설명을 덧붙이는 방식으로 하였습니다. 영어 원문을 통해서 관련 법리를 이해하고 익히기를 바랍니다. 한국어 설명은 영어 원문의 이해를 돕는 데 활용할 수 있을 겁니다. 이 책을 통해 미국의 구제법을 학습하는 방법은 본문에 나오는 각 법리들에 대한 영어 원문의 의미를 우선 이해하고 내용에 익숙해지게 끔 학습하는 것이 중요합니다. 영어 원문은 박스안에 기재를 해서 식별이 잘 되게끔 하였습니다. 영어 원문의 법 이론에 대한 이해는 한국어 설명을 보면 이해에 도움이 될 것입니다. 영어 원문과 한국어 설명에는 관련 예시들을 넣어 법리를 이해하는 데 도움이 되도록 하였습니다.

법률 용어에 대한 한국어 번역이나 설명을 할 때 최대한 법률 용어와 유사한 용어를 선택하려고 노력했습니다. 그러나 한국어 용어가 적절하지 않거나 부자연스러운 부분이 있을 것이라 생각이 됩니다. 이런 부분은 확인이 되면 고치고 보완하도록 하겠습니다.

미국법을 공부하거나 미국변호사 시험을 준비하는 이들에게 이 책이 좋은 길잡이가 되길 바라며, 이미 미국법에 대한 이해가 있는 분들에게는 좀더 깊은 지식을 제공하고 이해의 폭을 넓히는 데 도움이 되기를 희망해 봅니다. 여러분의 미국법 학습에 이 책과 저의 다른 미국법 책들이 미국법 학습에 좋은 동반자가 되기를 바랍니다.

이 책을 출간하는 데 도움을 주신 법률신문 출판팀과 교육팀 여러분에게 깊은 감사를 드립니다.

| CONTENTS |

LAW OF REMEDIES

미국 구제법

Law of Remedies

The law of remedies is an expansive area that covers the relief a court may grant to a party in a legal dispute. Remedies are categorized broadly into legal and equitable remedies.

구제법은 법원이 법적 분쟁에서 당사자에게 제공할 수 있는 구제를 포괄하는 넓은 영역을 다룬다. 구제는 크게 법적 구제와 형평법적 구제로 분류된다.

I | 법적 구제(LEGAL REMEDIES)

Legal remedies primarily involve compensatory damages awarded to the plaintiff to address harm or losses incurred due to the defendant's actions. These damages aim to place the plaintiff in the position they would have been in if the harm had not occurred.

법적 구제는 주로 피고의 행위로 인해 발생한 손해나 손실을 해결하기 위해 원고에게 부여되는 전보적 손해배상이다. 이러한 손해배상은 원고가 손해가 발생하지 않았을 경우에 있었을 상태로 되돌리는 것을 목표로 하는 것이다.

A 전보적 손해배상(Compensatory Damages)

Compensatory damages are designed to reimburse a plaintiff for harm or injury that is legally recognized, whether arising from tortious behavior (e.g., negligence) or breach of contract. The primary aim is to place the plaintiff in the position they would have been in if the harm or breach had not occurred.

전보적 손해배상은 불법 행위(예: 과실)나 계약 위반으로 발생한 법적으로 인정된 손해에 대해 원고에게 배상하게 하는 것이다. 주요 목적은 손해나 위반이 발생하지 않았을 경우 원고가 있었을 상태로 되돌리는 것이다.

1. 불법 행위 소송(Tort Actions)

In tort cases, compensatory damages focus on restoring the plaintiff to their previous condition before the tort occurred. This involves compensation for both present and future harms, such as anticipated future medical costs or loss of future wages.

불법 행위 사건에서 전보적 손해배상은 불법 행위가 발생하기 전 원고의 상태로 회복시키는 데 중점을 둔다. 여기에는 미래의 예상 의료비나 향후 임금 손실 같은 현재와 미래의 손해에 대한 배상이 포함된다.

1) 신체 및 정신적 손해(Physical and Emotional Consequences)

Tort cases commonly involve compensating for physical and emotional impacts, broadly categorized as "pain and suffering." Plaintiffs may recover for impairment of physical abilities, damage to internal organs, mental distress, and the loss of personal freedoms.

Courts typically require the plaintiff to have an awareness of their suffering to receive pain and suffering damages. However, courts may still award damages in cases where limited awareness exists, such as a comatose patient who shows responses to painful stimuli.

Example: A construction worker who falls from a significant height and enters a vegetative state may still display minimal responses to painful stimuli, like moaning or frowning. The court could consider this limited awareness enough to justify awarding pain and suffering damages.

불법 행위 사건에서는 일반적으로 "신체 및 정신적 고통"으로 분류되는 신체 및 정신적 손해에 대한 배상을 하는 경우가 많다. 원고는 신체 능력의 손상, 내부 장기 손상, 정신적 고통 및 개인적 자유의 상실에 대해 배상을 받을 수 있다.

법원은 일반적으로 원고가 고통에 대한 인식을 가지고 있어야 신체 및 정신적 고통에 대한 손해배상을 받을 수 있도록 요구한다. 그러나 고통에 대한 제한적인 인식이 있는 경우에도, 예를 들어 고통스러운 자극에 반응하는 혼수 상태의 환자는 여전히 이러한 손해배상을 구할 수 있다.

예시: 높은 곳에서 떨어져 식물인간 상태가 된 건설 노동자가 신음이나 찡그림 같은 최소한의 고통 반응을 보인다면, 법원은 이러한 제한적인 인식을 신체 및 정신적 고통에 대한 손해배상을 정당화하는 근거로 고려할 수 있다.

2) 생활의 향유 상실 (Loss of Enjoyment of Life; Hedonic Loss)

A plaintiff may recover for the loss of enjoyment of life (hedonic loss).[1] About half of the states, including California, require that this loss be treated within the scope of pain and suffering damages, but the other half treat loss of life enjoyment separately from pain and suffering.

Example: A plaintiff who loses the ability to participate in recreational sports due to a spinal injury could receive damages for hedonic loss as part of a broader pain and suffering award, as this loss of enjoyment is factored into the overall impact of the injury.

원고는 생활의 향유 상실(헤도닉 손실)에 대해 배상을 받을 수 있다. 캘리포니아를 포함한 약 절반 정도의 주에서는 이러한 손실이 신체 및 정신적 고통의 손해배상의 범위 내에서 처리되어야 한다고 요구하고 있다. 그러나 나머지 절반의 주에서는 생활의 향유 상실을 신체 및 정신적 고통과는 별도로 취급을 하고 있다.

예시: 척추 손상으로 인해 레크리에이션 스포츠에 참여할 수 없게 된 원고는 이 손해가 상해의 전반적인 영향을 고려해 신체 및 정신적 고통의 일부로 헤도닉 손실에 대한 손해배상을 받을 수 있다.

---

1) Huff v. Tracy, 57 Cal. App. 3d. 939 (1976)

2. 계약 위반 소송(Contract Actions)

For contract cases, compensatory damages are forward-looking, designed to fulfill the plaintiff's expectation interest by putting them in the position they would have been in if the contract had been fully performed.[2)]

When a contract breach occurs, the plaintiff may claim various damages depending on the nature of the breach and the terms of the contract. The type of breach (e.g., failure to deliver goods or delivery of defective goods) determines the appropriate measure of damages.

계약 위반 사건에서 전보적 손해배상은 미래 지향적인 것으로, 원고의 기대 이익을 충족시키기 위해 계약이 완전히 이행되었을 경우 원고가 있었을 상태로 해주기 위한 것이다.

계약 위반이 발생하면, 원고는 위반의 성격과 계약 조건에 따라 다양한 손해배상을 청구할 수 있다. 위반의 유형(예: 물품 미인도 또는 불량품 인도)은 적절한 손해배상 기준을 결정한다.

1) 시장 가격과 계약 가격의 차액 (Difference Between Market Price and Contract Price)

When a seller fails to deliver goods or repudiates the contract, the buyer is entitled to the difference between the market price and the contract price at the time of the breach.

매도인이 물품을 인도하지 않거나 계약을 거부하면, 매수인은 계약 위반 시점의 시장 가격과 계약 가격의 차액을 받을 권리가 있다.

2) Restatement (Second) of Contracts §§ 344-347

2) 대체구매(Cover)

The buyer may cover by purchasing substitute goods and recover the difference between the replacement cost and the contract price. This provides a more practical approach when market prices are volatile or when specific goods are required to maintain business operations.

Example: A manufacturer whose supplier breaches a contract for unique parts can immediately buy substitutes to avoid production delays, with the seller compensating for the higher cost of replacement parts.

배수인은 대체 물품을 구매해 계약 가격과 대체 비용 간의 차액을 회수할 수 있다. 이는 시장 가격 변동이 크거나 특정 물품이 사업 운영을 위해 필수적인 경우 실질적인 접근법을 제공한다.

예시: 부품을 공급받기로 계약한 제조업체가 매도인의 계약 위반으로 대체품을 즉시 구입해 생산 지연을 피할 수 있으며, 매도인은 대체 부품의 더 높은 비용을 배상해야 한다.

3) 불일치 물품 수령/보증 위반 (Acceptance of Nonconforming Goods/Breach of Warranty)

If a buyer accepts goods that do not meet contract specifications, they may file a breach of warranty claim to recover the difference in value between the goods as delivered and as warranted, along with incidental and consequential damages.[3)]

Example: A farmer who receives a batch of diseased seeds may recover the difference between the price of healthy seeds and the diminished value of the faulty seeds received, along with any additional crop losses.

3) UCC §2-714

매수인이 계약 사양에 맞지 않는 물품을 수령한 경우, 인도된 물품과 보증을 한 물품 간의 가치 차이와 부수적, 결과적 손해배상을 청구할 수 있다.

예시: 농부가 병든 씨앗을 받았다면, 건강한 씨앗의 가격과 받은 불량 씨앗의 가치의 차액과 추가적인 작물 손실을 회수할 수 있다.

4) 인수 철회(Revocation of Acceptance)

When a buyer rightfully revokes acceptance of defective goods, they may reclaim the purchase price and retain a security interest in the goods until the price is refunded. They may also sell the goods to recoup losses.[4)]

매수인이 결함 있는 물품에 대해 정당하게 인수를 철회하면, 매수 대금을 회수할 수 있으며, 대금이 환불될 때까지 물품에 대한 담보권을 유지할 수 있다. 또한 손실을 회복하기 위해 물품을 매도할 수 있다.

3. 신뢰이익 배상(Reliance Damages)

Reliance damages are awarded to cover the plaintiff's costs incurred in reliance on the contract. These damages aim to put the plaintiff in the position they would have been in if the contract had never been made, compensating for any expenditures made in preparing for or performing the contract. Reliance damages are typically awarded when the plaintiff cannot establish expected profits from the contract or when enforcing the original contract would result in a loss.

신뢰이익 배상은 계약에 의존하여 발생한 원고의 비용을 배상하기 위해 부여된다. 신뢰이익 배상은 계약이 성립되지 않았을 경우 원고가 있었을 상태로 복귀시

4) UCC §2-711

키는 것을 목표로 하며, 계약의 이행을 위하여 준비를 하거나 지출한 비용을 배상하게 하는 것이다. 이러한 신뢰이익 배상은 원고가 계약에서 기대 이익을 증명할 수 없거나 원래의 계약을 이행하는 것이 손실을 초래할 경우 주로 부여된다.

4. 부수적 손해배상(Incidental Damages)

Incidental damages refer to reasonable expenses incurred by a party in connection with a transaction that may be recovered as part of the overall damages, without needing the special proof typically required for consequential damages.

부수적 손해배상은 당사자가 거래와 관련하여 발생한 합리적인 비용으로서, 통상적인 결과적 손해배상에 요구되는 요건의 증명이 없이도 전체 손해배상의 일부로 회수될 수 있는 비용을 말한다.

1) 물품 매도인의 부수적 손해배상(Incidental Damages for Sellers of Goods)

For a seller, incidental damages are generally associated with costs incurred as a result of the buyer's breach. These may include charges, expenses, or commissions that arise from actions like stopping delivery, storing or transporting goods after the breach, or reselling the goods. Incidental damages aim to cover any reasonable expenses directly resulting from the breach and the seller's actions to minimize the resulting impact.

Example: A manufacturer agrees to supply a large quantity of custom parts to a buyer, who breaches the contract after the parts are already produced. The seller stops the shipment and stores the goods in a warehouse while arranging for their resale. The storage fees and transportation costs to the warehouse are recoverable as incidental damages, as they are directly related to the buyer's breach.

물품매매에서 매도인의 경우, 부수적 손해배상은 일반적으로 매수인의 계약 위반으로 인해 발생한 비용과 관련된다. 여기에는 인도 중지, 위반 후 물품의 보관 또는 운송, 물품의 재판매와 같은 조치로 인해 발생한 수수료, 비용 또는 커미션 등이 포함될 수 있다. 부수적 손해배상은 위반으로부터 직접적으로 발생한 합리적인 비용과 결과적인 영향을 최소화하기 위한 매도인의 조치에 대해 배상하는 것을 목표로 한다.

예시: 제조업체가 매수인에게 대량의 맞춤 부품을 공급하기로 합의했으나, 매수인이 부품이 이미 생산된 후 계약을 위반했다. 매도인은 선적을 중지하고 재판매를 준비하는 동안 물품을 창고에 보관한다. 이때 발생한 보관료와 창고까지의 운송비는 매수인의 계약 위반과 직접적으로 관련되므로 부수적 손해배상으로 회수될 수 있다.

2) 물품 매수인의 부수적 손해배상(Incidental Damages for Buyers of Goods)

For a buyer, incidental damages cover reasonable expenses incurred in handling goods that were rightfully rejected or in sourcing substitute goods (known as "cover") after a seller's breach. These expenses may include costs related to inspecting, receiving, transporting, or caring for goods that were defective or nonconforming. If the buyer arranges to purchase replacement goods to meet their needs, incidental damages also include charges, commissions, or expenses incurred in effecting the cover.

Example: A buyer orders a batch of machinery that arrives defective. The buyer inspects the equipment to confirm its nonconformance and arranges for its return to the seller. The buyer incurs transportation costs for returning the equipment and inspection fees to verify the defects, both of which are recoverable as incidental damages.

물품매매에서 매수인의 경우, 부수적 손해배상은 매도인의 계약 위반 후 정당하게 거절된 물품을 처리하거나 대체 물품을 조달하는 과정에서 발생한 합리적인 비용을 포함한다. 이러한 비용에는 결함이 있거나 사양에 맞지 않는 물품의 검사, 수령, 운송 또는 관리와 관련된 비용이 포함될 수 있다. 매수인이 자신의 필요를 충족하기 위해 대체 물품을 구매하는 경우, 부수적 손해배상에는 대체 구매를 실행하는 데 발생한 수수료, 커미션 또는 비용도 포함된다.

예시: 매수인이 주문한 기계류가 결함이 있는 상태로 도착했다. 매수인은 장비가 사양에 맞지 않음을 확인하기 위해 검사하고, 이를 매도인에게 반환하기 위한 절차를 마련한다. 이때 발생한 장비 반환을 위한 운송비와 결함을 확인하기 위한 검사비는 모두 부수적 손해배상으로 회수될 수 있다.

5. 결과적 손해배상(Consequential Damages)

Consequential damages, also known as special damages, refer to losses that arise not directly from the breach itself but as a foreseeable result of the breach. These damages go beyond the immediate effects of the breach, covering indirect losses that occur due to the breach's impact on the non-breaching party's broader business or personal interests. Consequential damages are recoverable only if the breaching party could have reasonably foreseen these losses at the time the contract was made.

To prove consequential damages, California courts require that the damages were foreseeable by the breaching party and can be established with reasonable certainty. This prevents speculative or exaggerated claims and ensures that the breaching party is only liable for losses they could have anticipated as a natural result of their breach.

Example: A tech startup hires a consultant to develop a website for a product launch. If the consultant fails to deliver the website on time, the startup may lose potential sales. To claim these lost profits as consequential damages, the startup must show that the consultant was aware of the launch timing and provide reasonable evidence of the expected profits based on prior sales or market analysis.

결과적 손해배상은 특별 손해배상이라고도 하며, 계약 위반 그 자체로부터 직접 발생하지는 않지만 위반의 예측 가능한 결과로 발생하는 손해를 의미한다. 이러한 손해배상은 위반의 즉각적인 영향 이상으로, 비위반 당사자의 더 광범위한 사업이나 개인적 이익에 대한 위반의 영향으로 인해 발생하는 간접적 손실을 포함한다. 결과적 손해배상은 계약 체결 시 위반 당사자가 이러한 손실을 합리적으로 예측할 수 있었을 경우에만 회수할 수 있다.

결과적 손해배상을 증명하기 위해 캘리포니아 법원은 손해가 위반 당사자에게 예측 가능했고 합리적인 확실성으로 증명될 수 있어야 한다고 요구한다. 이는 추측성이나 과장된 청구를 방지하고, 위반 당사자가 자신의 위반의 자연스러운 결과로 예측할 수 있었던 손실에 대해서만 책임지도록 보장하기 위한 것이다.

예시: 한 기술 스타트업 회사가 제품 출시를 위한 웹사이트 개발을 위해 컨설턴트를 고용한다. 만약 컨설턴트가 웹사이트를 제시간에 제공하지 못하면, 스타트업 회사는 잠재적인 판매를 잃을 수 있다. 이러한 손실된 이익을 결과적 손해배상으로 청구하기 위해, 스타트업 회사는 컨설턴트가 출시 시기를 알고 있었음을 증명하여야 하며, 이전 판매나 시장 분석에 기반한 예상 이익에 대한 합리적인 증거를 제시해야 한다.

B 비전보적 손해배상(Non-Compensatory Damages)

Non-compensatory damages are awarded not to compensate the plaintiff but for other purposes, such as punishment or symbolic recognition of a legal wrong.

1. 징벌적 손해배상(Punitive Damages)

1) 징벌적 손해배상 및 헌법적 제한 (Punitive Damages and Constitutional Restraints)

Punitive damages (exemplary damages) serve to punish a defendant for serious misconduct and deter similar future behavior. These damages apply when the defendant acts with an improper state of mind, such as malice or wanton disregard for others' rights and safety. Punitive damages go beyond compensating the plaintiff; they aim to make an example of the defendant, signaling to others the severe consequences of such misconduct. Punitive damages are typically awarded in cases of intentional torts or outrageous conduct done with evil motive or outrageous indifference to the plaintiff's rights.[5)]

Constitutional Restraints on Punitive Damages: Punitive damages must meet constitutional standards to avoid being deemed excessive under the Due Process Clause of the Fourteenth Amendment. The U.S. Supreme Court has established guidelines to ensure that punitive damages are not grossly disproportionate, primarily focusing on the degree of reprehensibility, the ratio between punitive and compensatory damages, and comparisons with civil penalties in similar cases.[6)]

---

5) Restatement (Second) of Torts § 908

6) State Farm Mut. Auto. Ins. Co. v. Campbell, 538 U.S. 408 (2003); BMW of N. Am., Inc. v. Gore, 517 U.S. 559 (1996); Browning-Ferris Indus. v. Kelco Disposal, 492 U.S. 257 (1989)

징벌적 손해배상(모범적 손해배상)은 피고의 중대한 위법 행위를 처벌하고 미래에 발생할 수 있는 유사한 행위를 억제하기 위한 것이다. 이 손해배상은 악의나 타인의 권리와 안전에 대한 의도적 무시 같은 부적절한 의도를 가진 경우에 적용된다. 징벌적 손해배상은 원고에 대한 배상을 넘어서 피고를 본보기로 삼아, 유사 행위의 심각한 결과를 타인에게 경고하는 역할을 한다. 징벌적 손해배상은 주로 고의적 불법 행위나 악의적인 동기 또는 원고의 권리에 대한 극도의 무관심으로 이루어진 악의적 행위가 있는 경우에 부여된다.

헌법적 제한(Constitutional Restraints on Punitive Damages): 징벌적 손해배상은 과도하게 인정되지 않도록 하기 위해 미국 수정헌법 제14조의 적법 절차 조항에 따른 헌법적 기준을 충족해야 한다. 미국 연방대법원은 징벌적 손해배상이 지나치게 비례를 벗어나지 않도록 가이드라인을 설정하였으며, 주로 비난 가능성의 정도, 징벌적 손해배상과 전보적 손해배상의 비율 및 유사 사건의 민사 처벌과의 비교를 중점적으로 살펴본다.

2) 불법 행위 소송에서의 징벌적 손해배상(Punitive Damages in Tort Actions)

To award punitive damages in a tort action, the plaintiff must show that the defendant's conduct was more than merely negligent or careless; it must have been malicious, fraudulent, oppressive, or conducted with a willful and conscious disregard for the rights and safety of others. This is supported by the California Civil Code, which requires clear and convincing evidence that a defendant acted with oppression, fraud, or malice. Clear and convincing evidence means that there must be a very high degree of probability that something is true. Evidence of oppression, fraud, or malice must be more persuasive than other evidence offered in a civil lawsuit.[7)]

7) California Civil Code § 3294

Example: A defendant deliberately pollutes a community's water supply, disregarding health hazards. The court could award punitive damages to penalize the defendant's conscious and harmful disregard for public welfare.

Actual Damage: Typically, a plaintiff must prove actual damages to qualify for punitive damages. However, courts may award punitive damages even when only nominal damages are granted if the plaintiff establishes a cause of action with extreme misconduct. This is especially relevant in tort cases where actual damages are a required element, such as negligence or intentional harm.

Example: A plaintiff wins a nominal damages award of $1 for trespass, where the defendant intentionally encroached on the plaintiff's land. The court might award punitive damages if the trespass was especially egregious or involved repeated intrusions, despite the nominal damages awarded.

불법 행위 소송에서 징벌적 손해배상을 부여받기 위해 원고는 피고의 행위가 단순히 부주의하거나 경솔한 것을 넘어, 악의적, 사기적 또는 억압적이거나 타인의 권리와 안전을 의도적이고 의식적으로 무시한 것이었음을 증명해야 한다. 이는 캘리포니아 민법(California Civil Code)에 의해 뒷받침되며, 피고가 억압, 사기 또는 악의를 가지고 행위를 했음을 명확하고 확실한 증거로 증명할 것을 요구한다. 명확하고 확실한 증거란 어떤 사실이 진실임을 매우 높은 확률로 보여주는 증거를 의미한다. 억압, 사기 또는 악의를 증명하는 증거는 민사 소송에서 제시된 다른 증거보다 더 설득력이 있어야 한다.

예시: 피고가 지역 사회의 수자원을 고의로 오염시켜 건강에 대한 위험을 발생시킨 경우, 법원은 공공 복지에 대한 피고의 의도적이고 해로운 무시를 처벌하기 위해 징벌적 손해배상을 부여할 수 있다.

실제 손해(Actual Damage): 일반적으로 원고는 징벌적 손해배상을 청구하기 위해 실제 손해를 증명해야 한다. 그러나 원고가 극심한 위법 행위를 증명할 경우, 법원은 명목적 손해배상만 부여되더라도 징벌적 손해배상을 부여할 수 있다. 이는 특히 과실이나 고의에 의한 불법 행위 사건에서 실제 손해가 필수 요소일 때 관련이 있다.

예시: 원고가 피고의 의도적인 토지 침해에 대해 $1의 명목적 손해배상을 받은 경우, 침해가 특히 심각하거나 반복적인 침해가 있었다면 법원은 명목적 손해배상에도 불구하고 징벌적 손해배상을 부여할 수 있다.

3) 계약 소송에서의 징벌적 손해배상(Punitive Damages in Contract Actions)

Punitive damages are generally not available in contract actions because contract law aims to protect the parties' expectations rather than punish wrongdoing. However, if the defendant's behavior constitutes a tort, such as fraud or intentional infliction of harm, punitive damages may be awarded in a separate tort action alongside the contract claim.[8)]

Example: A company sells defective products while concealing the defects from buyers. Although the buyer sues for breach of contract, they can also file a tort claim for fraud, seeking punitive damages to penalize the company's willful deceit.

징벌적 손해배상은 계약 소송에서는 일반적으로 인정되지 않는다. 계약법은 잘못을 처벌하기보다는 당사자들의 기대 이익을 보호하는 데 목적이 있기 때문이다. 그러나 피고의 행위가 사기 또는 고의에 의한 불법 행위인 경우, 계약 위반 청구와 별도의 불법 행위 소송에서 징벌적 손해배상이 부여될 수는 있다.

예시: 한 회사가 제품 결함을 숨긴 채 결함이 있는 제품을 판매했다면, 매수인

8) Restatement (Second) of Contracts § 355

은 계약 위반으로 소송을 제기하는 동시에 사기에 의한 불법 행위 청구를 하여 회사의 의도적 기만을 처벌하기 위해 징벌적 손해배상을 청구할 수 있다.

4) 징벌적 손해배상에 대한 사용자 책임(Vicarious Liability for Punitive Damages)

In most cases, a principal or employer is not automatically liable for punitive damages due to an agent's wrongful actions. However, an employer may be liable if the employee's actions were within the scope of employment or if the employer approved or ratified the employee's conduct.[9)]

Example: A company's executive directs employees to engage in fraudulent practices to increase sales. If an employee follows these directions and commits fraud, the company may be held vicariously liable for punitive damages, as it ratified and endorsed the fraudulent conduct.

대부분의 경우, 본인이나 고용주는 대리인의 위법 행위로 인한 징벌적 손해배상에 자동으로 책임을 지지 않는다. 그러나 고용주가 직원의 행위를 승인하거나 그 행위가 고용 범위 내에 있는 경우에는 고용주가 징벌적 손해배상에 대해 사용자 책임을 질 수 있다.

예시: 회사의 임원이 매출을 증가시키기 위해 직원들에게 사기 행위를 지시한 경우, 직원이 이러한 지시에 따라 사기를 저지르면, 회사는 해당 사기 행위를 승인하고 지시했기 때문에 징벌적 손해배상에 대한 사용자 책임을 질 수 있다.

9) Restatement (Second) of Torts § 909

2. 명목적 손해배상(Nominal Damages)

Nominal damages are awarded when a plaintiff proves the defendant's liability but has not suffered actual, significant harm. These damages, often a small, symbolic amount (e.g., $1), affirm the plaintiff's rights and may function as a form of declaratory relief. Nominal damages can also entitle the plaintiff to recover litigation costs if they are deemed the prevailing party, making this type of award valuable for establishing a legal right. Nominal damages are generally not available in cases where the cause of action (like negligence or fraud) requires a showing of actual harm.

Example: A property owner sues a neighbor for trespassing when the neighbor steps onto their land. The court finds in favor of the property owner but awards only nominal damages since the owner did not suffer any actual financial loss from the trespass.

명목적 손해배상은 원고가 피고의 책임을 증명했지만 실제로 유의미한 손해를 입지 않은 경우에 부여된다. 이러한 손해배상은 종종 상징적인 소액(예: $1)으로, 원고의 권리를 확인하고 선언적 구제의 형태로 기능할 수 있다. 또한, 명목적 손해배상은 원고가 승소한 당사자로 간주될 경우 소송 비용 회수를 가능하게 하여, 법적 권리를 확립하는 데 유용할 수 있다. 다만, 실제 손해 증명이 필요한 과실이나 사기와 같은 청구 원인에서는 명목적 손해배상이 허용되지 않는다.

예시: 토지 소유자가 이웃이 자신의 토지에 발을 디딘 것에 대해 무단침입으로 소송을 제기한 경우, 법원은 토지 소유자에게 유리한 판결을 내리지만 실제 재정적 손실이 없으므로 명목적 손해배상만을 부여할 수 있다.

3. 손해배상액의 예정(Liquidated Damages)

Liquidated damages are pre-determined damages specified by the parties in a contract to cover potential losses if one party breaches the agreement. These damages are agreed upon during the formation of the contract, allowing the parties to set a clear amount of compensation in case of a breach. This helps avoid uncertainty and can simplify the dispute resolution process, as the parties know in advance the consequences of a breach.[10)]

For a liquidated damages clause to be enforceable, it must meet the reasonableness standard; otherwise, it will be deemed an unenforceable penalty. The liquidated damages amount should reflect a reasonable prediction of the actual harm that a breach would cause. If the agreed-upon damages are unreasonably high and appear to penalize the breaching party rather than compensate for anticipated loss, they will be classified as a penalty and thus be unenforceable.

Example: In a construction contract, the parties agree that the contractor will pay $1,000 per day if the project is not completed by a specified date. This amount is based on the expected loss of business to the property owner from the delay. If this amount reflects a reasonable estimate of lost revenue or additional expenses due to the delay, it is enforceable as a liquidated damages clause. However, if $1,000 per day is excessive and greatly exceeds the anticipated harm, it might be seen as a penalty.

손해배상액의 예정은 계약 당사자들이 계약 위반 시 발생할 수 있는 손해를 배상하기 위해 계약에 미리 명시한 손해배상액이다. 손해배상액의 예정은 계약 체결 시 당사자간에 합의를 하는 것으로, 계약 위반 시 명확한 배상 금액을 설정하여 불확실성을 줄이고 분쟁 해결 과정을 단순화하기 위한 것이다. 당사자들은 계약

10) Restatement (Second) of Contracts § 356; UCC § 2-718

위반의 결과를 사전에 알 수 있어 예방적 효과를 가지게 된다.

손해배상액의 예정 조항이 집행되려면 합리성 기준을 충족해야 하며, 그렇지 않을 경우 집행 불가능한 벌금으로 간주된다. 손해배상액의 예정은 계약 위반이 초래할 실제 손해에 대한 합리적인 예측을 반영해야 한다. 합의된 손해배상액이 지나치게 높아 위반 당사자가 손해를 배상하게 하기보다는 처벌하는 것으로 보일 경우, 이는 벌금으로 분류되어 집행될 수 없다.

예시: 건설 계약에서, 당사자들은 프로젝트가 특정 날짜까지 완료되지 않을 경우 시공자가 하루에 $1,000를 지급하기로 합의했다. 이 금액은 지연으로 인해 건물 소유자가 예상할 수 있는 영업 손실에 기반한 것이다. 이 금액이 지연으로 인한 예상 수익 손실이나 추가 비용에 대한 합리적인 추정치를 반영한다면, 이는 손해배상액의 예정 조항으로 집행될 수 있다. 그러나 하루에 $1,000이 지나치게 높아 예상 손해를 크게 초과한다면, 벌금으로 간주될 수 있다.

4. 법정 손해배상(Statutory Damages)

1) 법정 손해배상의 원칙(Rules of Statutory Damages)

Statutory damages are fixed or minimum damages set by specific statutes for certain violations, irrespective of the actual harm experienced by the plaintiff. These damages are designed to encourage compliance with the law and incentivize individuals to bring claims in cases where proving actual damages might be difficult or where actual damages are minimal. Statutory damages help ensure that wrongdoers are held accountable, even if the financial harm to an individual is small.

Unlike compensatory damages, which require proof of actual harm or loss, statutory damages allow plaintiffs to recover a set amount based solely on the statutory violation.

법정 손해배상은 특정 위반 행위에 대해 특정 법률에 의해 설정된 고정적이거나 최소한의 손해배상액으로, 원고가 실제로 입은 손해와 상관없이 부여된다. 이러한 손해배상은 법 준수를 촉진하고 실제 손해를 증명하기 어렵거나 실제 손해가 최소인 경우에도 개인이 청구를 제기하도록 장려하기 위한 것이다. 법정 손해배상은 개인에 대한 재정적 손해가 작더라도 가해자가 책임을 지도록 보장하는 것이다.

전보적 손해배상이 실제 손해나 손실의 증명을 필요로 하는 것과 달리, 법정 손해배상은 법률 위반만으로 원고가 정해진 금액을 회수할 수 있게 한다.

2) 법정 손해배상의 목적(Purpose of Statutory Damages)

Statutory damages serve several purposes:

a) Deterrence: By setting a fixed penalty for violations, statutory damages deter wrongful conduct by making it financially unwise for defendants to engage in prohibited activities.

b) Incentivizing Claims: Many violations may cause little or no quantifiable harm, which could discourage victims from pursuing claims. Statutory damages encourage individuals to bring claims, ensuring enforcement of the law even when actual damages are minimal.

c) Simplifying Legal Proceedings: With statutory damages, plaintiffs are relieved from proving the specific monetary impact of a violation, simplifying the legal process and reducing the burden on the courts.

법정 손해배상은 다음과 같은 목적을 가진다.

a) 억제(Deterrence): 위반에 대한 고정된 처벌을 설정함으로써, 법정 손해배상은 피고가 금지된 행위를 하는 것이 재정적으로 불리하도록 만들어 위법 행위를 억제한다.

b) 청구 장려(Incentivizing Claims): 많은 위반이 적거나 측정 가능한 손해를 초래하지 않아 피해자가 청구를 포기할 수 있다. 법정 손해배상은 개인이 청구를 제기하도록 장려하여 실제 손해가 최소인 경우에도 법 집행을 보장한다.

c) 법적 절차의 간소화(Simplifying Legal Proceedings): 법정 손해배상을 통해 원고는 위반의 구체적인 금전적 영향을 증명할 필요가 없어, 법적 절차를 단순화하고 법원의 부담을 줄인다.

3) 법정 손해배상의 예시(Examples of Statutory Damages)

California Consumer Privacy Act (CCPA): The CCPA grants consumers the right to statutory damages in cases of data breaches. Under this statute, individuals can recover between $100 and $750 per incident, depending on the severity of the violation and the defendant's level of negligence.

Example: A California resident's personal information is exposed in a data breach. Even if the resident cannot prove financial harm, they can still recover statutory damages of $100 - $750 for the violation, incentivizing companies to prioritize data security.

Fair Debt Collection Practices Act (FDCPA): This federal law, applicable in California, provides statutory damages of up to $1,000 for violations related to abusive debt collection practices. This ensures that debt collectors comply with fair collection practices, even if the debtor has not suffered financial loss.

Example: A debt collector uses harassing tactics to collect a debt, violating the FDCPA. The debtor can claim up to $1,000 in statutory damages, regardless of whether the harassment caused financial harm.

캘리포니아 소비자 개인정보 보호법(California Consumer Privacy Act; CCPA): CCPA는 데이터 침해 사례에서 소비자에게 법정 손해배상을 받을 권리를 부여한다. 이 법에 따라 개인은 위반의 심각성과 피고의 과실 수준에 따라 사건당 $100에서 $750까지 회수할 수 있다.

예시: 캘리포니아 거주자의 개인 정보가 데이터 침해로 노출되었다. 거주자가 재정적 손해를 증명하지 못하더라도, 위반에 대해 $100 - $750의 법정 손해배상을 회수할 수 있어 기업이 데이터 보안을 우선시하도록 유도한다.

공정 부채 징수법(Fair Debt Collection Practices Act; FDCPA): 캘리포니아에 적용되는 이 연방법은 학대적인 부채 징수와 관련된 위반에 대해 최대 $1,000의 법정 손해배상을 제공한다. 이는 부채 징수인이 재정적 손실을 입지 않았더라도 공정한 징수를 하도록 보장하는 것이다.

예시: 부채 징수인이 채무를 회수하기 위해 괴롭힘을 주는 방법을 사용하여 FDCPA를 위반하는 경우, 채무자는 이러한 괴롭힘이 재정적 손해를 초래했는지 여부와는 상관없이 최대 $1,000의 법정 손해배상을 청구할 수 있다.

2. 선언적 판결(Declaratory Judgment)

A declaratory judgment is a court-issued statement that determines the rights, duties, or obligations of one or more parties in a civil dispute, without ordering any specific action or awarding damages. Declaratory judgments are often used to clarify legal questions and resolve uncertainty or disputes about the interpretation of contracts, statutes, or other legal rights before a more significant conflict arises.

선언적 판결은 법원이 민사 분쟁에서 당사자들의 권리, 의무 또는 책임을 명확히 규정하는 판결로, 특정 행위를 명령하거나 손해배상을 부여하지 않는다. 선언적 판결은 계약, 법령 또는 기타 법적 권리의 해석에 관한 법적 문제를 명확히 하고, 더 큰 갈등이 발생하기 전에 불확실성을 해소하거나 분쟁을 해결하기 위해 자주 사용된다.

1) 선언적 판결의 목적(Purpose of Declaratory Judgment)

The primary purpose of a declaratory judgment is to provide legal clarity and prevent further disputes by defining the rights and obligations of the parties. Unlike other judgments, which may require a party to take action (like an injunction) or to pay damages, a declaratory judgment only "declares" what the law is in relation to the specific issues raised. This remedy is especially useful when parties seek a resolution on a specific legal question without needing coercive relief.

Example: Two business partners interpret a buyout clause in their partnership agreement differently. One partner seeks a declaratory judgment to clarify how the buyout should proceed, thus avoiding potential future conflicts.

선언적 판결의 주요 목적은 당사자 간의 권리와 의무를 정의하여 법적 명확성을 제공하고 추가적인 분쟁을 방지하는 것이다. 다른 판결과 달리, 선언적 판결은 당사자에게 특정 행위를 요구하거나 손해배상을 부과하지 않으며, 단지 제기된 특정 문제에 대해 법이 어떻게 적용되는지를 선언하는 것이다. 이는 강제적 구제가 필요하지 않고 특정 법적 문제에 대한 해답을 원하는 당사자들에게 특히 유용하다.

예시: 두 사업 파트너가 파트너십 계약의 매수 조항을 다르게 해석할 때, 한 파트너가 매수 절차를 명확히 하기 위해 선언적 판결을 요청하여 미래에 발생할 수 있는 잠재적인 갈등을 피할 수 있다.

2) 선언적 판결의 요건(Requirements for Declaratory Judgment)

To obtain a declaratory judgment, certain requirements generally must be met:

a) Actual Controversy

Courts require an actual controversy between the parties. This means there must be a real, existing dispute over legal rights, not just a hypothetical or potential issue.

Example: A landlord and tenant disagree over the interpretation of a lease provision regarding maintenance responsibilities. This disagreement constitutes an actual controversy that may be suitable for declaratory judgment.

b) Legitimate Legal Interest

The parties must have a legitimate interest in the dispute, meaning they are directly affected by the issue. Declaratory judgments are typically only available to parties with a concrete legal stake in the outcome.

c) Judicial Discretion

Courts have the discretion to grant or deny a declaratory judgment. Even if an actual controversy exists, a court may refuse to issue a declaratory judgment if it believes that another form of relief (such as damages or specific performance) would be more appropriate or if the judgment would not resolve the dispute meaningfully.

선언적 판결을 얻기 위해서는 일반적으로 다음의 요건이 충족되어야 한다.

a) 실제의 분쟁(Actual Controversy)

법원은 당사자 간에 실제의 분쟁이 있을 것을 요구한다. 이는 법적 권리에 대한 실제로 존재하는 분쟁이 있어야 함을 의미하며, 가상의 문제나 잠재적 분쟁만으로는 충분하지 않다.

예시: 임대인과 임차인이 유지보수 책임에 관한 임대 조항의 해석을 놓고 의견이 충돌하는 경우, 이 불일치는 선언적 판결을 받을 수 있는 실제의 분쟁에 해당할 수 있다.

b) 정당한 법률적 이익(Legitimate Legal Interest)

당사자는 분쟁에 대해 정당한 이익을 가져야 하며, 즉 이 문제로 직접적인 영향을 받는 당사자여야 한다. 선언적 판결은 일반적으로 결과에 대한 구체적인 법적 이해관계를 가진 당사자에게만 허용된다.

c) 법원의 재량권(Judicial Discretion)

법원은 선언적 판결을 발부할지 여부에 대해 재량권을 가진다. 실제의 분쟁이 존재하더라도, 법원은 손해배상이나 특정 이행과 같은 다른 구제가 더 적절하다고 판단하거나, 선언적 판결이 분쟁을 의미 있게 해결하지 못할 경우, 선언적 판결을 하지 않을 수 있다.

Ⅱ | 부당이득반환(RESTITUTION)

Restitution is an equitable remedy aimed at preventing unjust enrichment. It serves to restore the plaintiff to the position they were in before the defendant received a wrongful benefit. Unlike compensatory damages, which focus on the plaintiff's losses, restitution centers on reversing the defendant's unjust gain, requiring them to return any benefits they received inappropriately.

부당이득반환은 부당한 이득을 방지하기 위한 형평법적 구제이다. 이는 피고가 부당한 이득을 받기 전 원고가 있었던 상태로 회복시키는 역할을 한다. 원고의 손실에 초점을 맞추는 전보적 손해배상과 달리, 부당이득반환은 피고의 부당한 이득을 되돌리는 데 중점을 두어, 피고가 부당하게 얻은 모든 이익을 반환하도록 하는 것이다.

A 부당이득반환의 기초(Foundation of Restitution)

The foundation of restitution lies in the concept of unjust enrichment. This principle asserts that no one should profit unfairly at another's expense. If a defendant has obtained a benefit such as money, property, or services that they are not legally entitled to keep, the court can order restitution to rectify this inequity.

Example: If a contractor mistakenly builds a structure on a neighbor's property, and the neighbor benefits from the improvement, restitution may require the neighbor to compensate the contractor for the benefit conferred, even without a formal contract between them.

부당이득반환의 기초는 부당한 이득의 개념에 있다. 이 원칙은 누구도 타인의 비용으로 부당하게 이익을 얻어서는 안 된다는 것이다. 피고가 금전, 재산 또는 서비스를 법적으로 보유할 자격 없이 이익으로 취한 경우, 법원은 이러한 불공정을 바로잡기 위해 부당이득반환을 명령할 수 있다.

예시: 계약자가 착오로 이웃의 토지에 구조물을 세우고, 이웃이 그 개선으로 이익을 얻는 경우, 부당이득반환은 이웃이 계약자에게 제공된 이익에 대해 보상하도록 요구할 수 있으며, 이 경우 양자 간에 공식적인 계약이 없어도 적용이 된다.

B 부당이득반환의 유형(Types of Restitutional Remedies)

1. 준계약(Quasi-Contract)

Quasi-contract is an implied contract created by the court to prevent a defendant from being unjustly enriched. Quantum meruit allows a party to recover the reasonable value of services rendered, even in the absence of a formal contract.

Example: A contractor mistakenly builds a fence on the wrong property. The neighboring property owner who benefits from the fence may be required to pay the reasonable value of the work to prevent unjust enrichment, even though there was no actual contract between the parties.

준계약은 피고가 부당한 이득을 얻는 것을 방지하기 위해 법원이 적용하는 묵시적 계약이다. 적정대가 청구(quantum meruit)을 통해 공식적인 계약이 없어도 당사자는 제공된 서비스의 합리적인 가치를 회수할 수 있다.

예시: 계약자가 착오로 잘못된 부지에 울타리를 건설했다. 그 울타리로 이익을 얻는 인접 토지 소유자는 당사자 간에 실제 계약이 없더라도 부당한 이득을 방지하기 위해 작업의 합리적인 가치를 지불해야 할 수 있다.

2. 동산반환청구(Replevin)

Replevin is a legal remedy that allows the plaintiff to recover possession of personal property wrongfully taken or held by the defendant.

Example: A company rents equipment to a client who refuses to return it after the rental period ends. The company can file a replevin action to reclaim possession of the equipment, restoring it to its rightful owner.

동산반환청구는 원고가 피고에 의해 부당하게 취득하거나 보유된 동산의 소유권을 회복할 수 있게 하는 법적 구제이다.

예시: 한 회사가 고객에게 장비를 임대했는데, 임대 기간이 끝난 후에도 고객이 반환을 거부한다. 회사는 장비의 소유권을 회복하기 위해 동산반환청구 소송을 제기하여 정당한 소유자인 자신에게 장비를 돌려주게 할 수 있다.

3. 퇴거 청구(Ejectment)

Ejectment is a legal action used to regain possession of real property held by someone who does not have the legal right to occupy it. In an ejectment action, the plaintiff must prove both their legal title to the propertyland and their right to immediate possession. Unlike actions for trespass, which may seek damages, ejectment is specifically about regaining possession of the property itself.

퇴거 청구는 법적 권리가 없는 사람이 점유하고 있는 부동산의 소유권을 되찾기 위한 법적 조치이다. 퇴거 청구에서 원고는 해당 재산에 대한 법적 소유권과 즉각적인 점유의 권리를 증명해야 한다. 손해배상을 청구하는 무단침입 소송과 달리, 퇴거 청구는 토지의 점유를 회복하는 데 중점을 둔다.

1) 퇴거 청구에서의 손해배상(Damages in Ejectment)

Along with the right to reclaim possession, a plaintiff in an ejectment action may also seek damages for the period during which the defendant occupied the property. The main types of damages include:

a) Rental Value: The general measure of damages is the rental value or use value of the land for the time it was occupied by the defendant.

b) Mesne Profits: If the defendant collected rents or profited from the property (e.g., by renting to third parties), these profits may be claimed by the plaintiff as mesne profits.

c) Damages for Harm to Land: The plaintiff can seek compensation for any physical damage to the property caused by the defendant while in possession.

Example: A property owner successfully sues for ejectment against a party who has unlawfully occupied their land for several years. In addition to regaining possession, the owner seeks damages for lost rental income and repair costs for damages the occupier caused.

퇴거 청구에서 원고는 점유 회복 권리와 함께, 피고가 토지를 점유한 기간 동안 발생한 손해배상도 청구할 수 있다. 주요 손해배상의 유형은 다음과 같다.

a) 임대 가치(Rental Value): 일반적인 손해배상 기준은 피고가 토지를 점유한 기간 동안의 임대 가치 또는 사용 가치이다.

b) 중간 수익(Mesne Profits): 피고가 제3자에게 임대하여 수익을 얻거나 토지에서 수익을 창출한 경우, 원고는 이러한 수익을 중간 수익으로 청구할 수 있다.

c) 토지 훼손에 대한 손해배상(Damages for Harm to Land): 원고는 피고가 점유 중에 토지에 입힌 물리적 손해에 대한 배상을 청구할 수 있다.

예시: 토지 소유자가 수년간 불법 점유한 자에 대해 퇴거 청구에서 승소한 경우, 소유자는 점유를 되찾는 것 외에도 잃어버린 임대 수입과 점유자가 발생시킨 손해에 대한 수리 비용을 청구할 수 있다.

2) 피고의 개선(Improvements Made by the Defendant)

The traditional rule in ejectment cases is that a defendant who wrongfully occupies the land is not entitled to compensation for improvements made to the property.

However, if the defendant acted in good faith, they may be entitled to some relief:

a) Good-Faith Possessor's Right to Set-Off: A good-faith defendant (someone who genuinely believed they had the right to occupy the property) may offset the cost of improvements against damages owed to the plaintiff.

b) Betterment Statutes: Some jurisdictions have "betterment" statutes that allow a good-faith possessor to either remove improvements they made or require the plaintiff to pay for them if they wish to retain the improvements.

Example: A good-faith possessor builds a fence and a shed on the property, believing they own the land. If the rightful owner later succeeds in an ejectment action, the court may allow the possessor to remove these improvements or require the landowner to compensate them.

퇴거 청구의 전통적 원칙에 따르면, 부당하게 토지를 점유한 피고는 토지에 한 개선 사항에 대해 보상받을 권리가 없다. 그러나 피고가 선의로 행위한 경우에는 일부 구제를 받을 수 있다.

a) 선의의 점유자의 상계권(Good-Faith Possessor's Right to Set-Off):

선의의 피고(토지 점유에 대한 권리가 있다고 진정으로 믿은 자)는 개선 비용을 원고에게 지급할 손해배상액에서 상계할 수 있다.

b) 개선법(Betterment Statutes): 일부 관할권에서는 개선법이 있어 선의의 점유자가 자신이 한 개선 사항을 제거하거나, 원고가 개선 사항을 유지하려는 경우 그 대가를 지불하도록 요구할 수 있다.

예시: 선의의 점유자가 자신이 토지 소유자라고 믿고 울타리와 창고를 설치한 경우, 실제 소유자가 퇴거 청구에서 승소할 때, 법원은 점유자가 해당 개선 사항을 제거하거나 소유자가 그 대가를 지급하도록 명령할 수 있다.

4. 의제신탁 및 결과신탁(Constructive and Resulting Trust)

Constructive Trust: It is imposed by the court to prevent unjust enrichment, a constructive trust requires the defendant to hold specific property for the plaintiff's benefit.

Example: A person acquires real estate through fraud, intending to deprive the rightful owner. The court may impose a constructive trust, ordering the fraudster to hold the property in trust for the original owner, who retains equitable interest.

Resulting Trust: It is established when circumstances indicate that the person holding the property was not intended to have full ownership, often arising when one party pays for the property but it is titled in another's name.

Example: A parent purchases a home in a child's name, intending the child to hold the property in trust. The court may recognize a resulting trust to enforce the parent's beneficial interest in the property.

의제신탁(Constructive Trust): 부당한 이득을 방지하기 위해 법원이 부과하는 신탁으로, 피고가 특정 재산을 원고의 이익을 위해 보유하게 하는 것이다.

예시: 어떤 사람이 사기를 통해 부동산을 취득하여 정당한 소유자의 재산을 박탈하려 한다. 법원은 의제신탁을 적용하여 해당 재산을 원래의 소유자를 위해 신탁으로 보유하도록 명령할 수 있으며, 원래의 소유자는 형평법상의 이익을 유지한다.

결과신탁(Resulting Trust): 재산을 보유한 사람이 완전한 소유권을 가질 의도가 없는 경우에 적용되는 것으로, 주로 한 당사자가 재산을 구매했지만 다른 사람의 이름으로 소유하고 있는 경우에 발생한다.

예시: 부모가 자녀 명의로 집을 구매하여 자녀가 그 재산을 신탁으로 보유하도록 의도했다면, 법원은 결과신탁을 인정하여 부모가 재산에 대한 수익권을 보유하는 것으로 할 수 있다.

5. 형평법적 유치권(Equitable Lien)

An equitable lien is a court-imposed security interest in the defendant's property to secure the plaintiff's interest, especially when the defendant has retained benefits wrongfully.

Example: A contractor renovates a building but does not receive full payment. The court may impose an equitable lien on the property, securing the contractor's interest in the property as collateral for the unpaid debt.

형평법적 유치권은 원고의 이익을 보장하기 위해 피고의 재산에 대해 법원이 부과하는 담보권이다. 이는 특히 피고가 부당하게 이익을 보유한 경우에 적용된다.

예시: 계약자가 건물을 리모델링했지만 완전한 대금을 받지 못했다. 법원은 해당 재산에 대해 형평법적 유치권을 부과하여 미지급 채무에 대한 담보로 계약자의 이익을 확보하게 할 수 있다.

6. 대위 청구(Subrogation)

Subrogation allows a party who pays another's debt to "step into the shoes" of the original creditor, gaining the right to recover from the responsible party. It is common in insurance cases.

Example: An insurance company compensates a policyholder for damage caused by a third party. Through subrogation, the insurer can pursue the third party to recover the amount it paid to the policyholder.

대위 청구는 다른 사람의 부채를 갚은 당사자가 원래의 채권자의 입장에 서서 책임이 있는 당사자로부터 회수할 권리를 갖게 하는 것이다. 이는 보험 관련 사건에서 흔히 발생한다.

예시: 보험회사가 제3자의 과실로 인한 손해를 피보험자에게 보상한 경우, 대위 청구를 통해 보험사는 피보험자에게 지급한 금액을 회수하기 위해 제3자를 상대로 소송을 제기할 수 있다.

III | 형평법적 구제(EQUITABLE REMEDIES)

Equitable remedies are non-monetary forms of relief granted by courts to prevent or correct harm, often when legal remedies (like monetary damages) are inadequate. These remedies are based on principles of fairness and justice, allowing courts to use their discretion to provide relief tailored to the specific circumstances of each case.

형평법적 구제는 금전적 손해배상과 같은 법적 구제가 불충분할 때, 법원이 손해를 방지하거나 수정하기 위해 부여하는 비금전적 구제이다. 이러한 구제는 공정과 정의의 원칙에 기반하여 법원이 각 사건의 구체적인 상황에 맞춰 적절한 구제를 제공할 수 있도록 재량을 행사하게 한다.

A 형평법적 구제의 근거(Bases for Equitable Remedies)

Equitable remedies arise when a legal remedy (monetary damages) would be inadequate to address the harm.

Courts will consider equitable remedies when:

1) Irreparable Harm: The plaintiff would suffer harm that cannot be adequately compensated by money. For example, unique property or personal rights that cannot be easily valued in financial terms may warrant equitable relief.

2) Inadequacy of Legal Remedy: Legal remedies may be inadequate if the harm cannot be accurately valued, or if monetary compensation cannot provide complete relief.

3) Balancing of Hardships: Courts may consider the relative hardship that each party would face if the equitable remedy is granted or denied.

4) Clean Hands Doctrine: Equitable relief may be denied if the plaintiff has engaged in unethical or dishonest conduct related to the claim. This doctrine emphasizes that those seeking equity must come with "clean hands."

Example: If a party seeks to prevent the construction of a neighboring structure that would obstruct their view, monetary compensation might not fully remedy the harm, especially if the view holds unique personal value. The court might issue an injunction based on the irreparable harm of losing the view.

형평법적 구제는 법적 구제(금전적 손해배상)가 손해를 해결하기에 불충분할 때 적용된다.

법원은 다음과 같은 경우에 형평법적 구제를 고려한다.

1) 회복 불가능한 손해(Irreparable Harm): 원고가 금전으로는 충분한 배상을 받을 수 없는 손해를 입는 경우이다. 예를 들어, 금전적 가치로 쉽게 평가할 수 없는 고유한 재산이나 개인적 권리가 관련될 경우 형평법적 구제가 적용될 수 있다.

2) 법적 구제의 불충분성(Inadequacy of Legal Remedy): 손해를 정확히 평가하기 어렵거나 금전적 배상이 완전한 구제를 제공하지 못하는 경우 법적 구제가 불충분할 수 있다.

3) 불이익의 균형(Balancing of Hardships): 법원은 형평법적 구제가 부여되거나 거부될 경우 각 당사자가 겪을 상대적 불이익을 고려할 수 있다.

4) 무흠결의 원칙(Clean Hands Doctrine): 원고가 해당 청구와 관련하여 비윤리적이거나 부정직한 행위에 가담한 경우 형평법적 구제가 거부될 수 있다. 이 원칙은 형평을 요구하는 자는 "깨끗한 손" 즉 무흠결성이 요구되는 것이다.

예시: 한 당사자가 이웃 구조물의 건설을 막아 자신의 전망을 보호하려 한다면, 금전적 배상이 그 손해를 충분히 구제하지 못할 수 있다. 특히 그 전망이 독특한 개인적 가치를 지닌 경우, 법원은 전망 상실이라는 회복 불가능한 손해를 근거로 금지명령을 발부할 수 있다.

B 금지명령(Injunctions)

An injunction is an equitable remedy in which a court orders a party to do something (affirmative injunction) or refrain from doing something (prohibitory injunction). Injunctions are typically granted when monetary damages are inadequate to address the harm, particularly when there is a risk of irreparable injury or a need to prevent future harm. Courts exercise significant discretion when issuing injunctions, focusing on balancing the interests of the parties and considering the public interest.

Injunctions may serve as the primary remedy for a plaintiff or as a temporary measure to preserve the status quo until a final resolution.

금지명령은 법원이 특정 당사자에게 어떤 행위를 하도록 명령(적극적 금지명령)하거나 특정 행위를 하지 않도록 명령(소극적 금지명령)하는 형평법적 구제이다. 금지명령은 금전적 손해배상만으로는 손해를 해결하기에 불충분할 때, 특히 회복 불가능한 손해의 위험이 있거나 미래의 손해를 예방할 필요가 있을 때 주로 부여된다. 법원은 금지명령을 발부할 때 당사자들의 이해관계를 균형 있게 고려하고 공익을 반영하는 등 상당한 재량을 행사한다.

금지명령은 원고에게 주요 구제로 작용할 수 있으며, 최종 해결이 이루어질 때까지 현 상태를 유지하기 위한 임시 조치로 사용될 수도 있다.

1. 판결 전 금지명령(Prejudgment Injunctions)

Prejudgment injunctions are temporary remedies aimed at preventing irreparable harm to the plaintiff until the court can fully adjudicate the case. They are often issued to maintain the status quo during litigation.

판결 전 금지명령(prejudgment injunctions)은 원고가 소송의 완전한 판결이 내려질 때까지 회복 불가능한 손해를 방지하기 위한 임시적인 구제에 해당한다. 이러한 금지명령은 소송 중에 현 상태를 유지하기 위해 발부된다.

1) 임시 금지명령(Temporary Restraining Order; TRO)

A temporary restraining order (TRO) is a short-term injunction to prevent immediate harm before a preliminary injunction hearing. A TRO typically lasts about 14 days, but can be extended for another 14 days or longer with the consent of the party against whom the order is directed. In California, a TRO typically lasts between 20 to 25 days. A TRO can be obtained ex parte (without notice to the defendant) if immediate action is needed. TROs cannot be appealed and take effect only when the defendant is notified.

Example: A company seeks a TRO to stop a former employee from sharing trade secrets with a competitor. The court issues the TRO to prevent disclosure until a preliminary hearing.

임시 금지명령(TRO)은 예비 금지명령(preliminary injunction) 심리가 열리기 전에 즉각적인 피해를 방지하기 위한 단기적인 금지명령이다. TRO는 일반적으로 약 14일 동안 유효하지만, 명령 대상 당사자의 동의가 있을 경우 추가로 14일 또는 더 긴 기간 동안 연장될 수 있다. 캘리포니아에서는 TRO의 기간은 일반적으로 20일에서 25일이다. 긴급한 조치가 필요한 경우, 피고에게 통지 없이 단독으로 TRO를 받을 수도 있다. TRO는 피고에게 통지된 후에만 발효되며, TRO에 대한 항소는 허용되지 않는다.

예시: 한 회사가 전직 직원이 경쟁사에 영업 비밀을 유출하는 것을 막기 위해 TRO를 요청한다. 법원은 예비 금지명령 심리 전까지 유출을 막기 위해 TRO를 발부한다.

2) 예비 금지명령(Preliminary Injunction)

A preliminary injunction is issued to prevent harm and maintain the status quo during a trial. Unlike a TRO, a preliminary injunction requires notice to the defendant and a hearing. It remains effective until the court issues a final judgment.

예비 금지명령은 재판 중에 손해를 방지하고 현 상태를 유지하기 위해 발부된다. TRO와 달리, 예비 금지명령은 피고에게 통지하는 것이 요구되며, 심리가 진행된다. 이 명령은 법원의 최종 판결이 내려질 때까지 효력을 유지한다.

3) 판결 전 금지명령을 위한 요소(Factors for Prejudgment Injunction)

Courts consider several factors when deciding whether to grant a prejudgment injunction:

a) Irreparable Harm: The plaintiff must show that they will suffer harm that cannot be adequately compensated by money.

b) Balancing of Hardships: Courts weigh the relative hardships on both parties and third parties if the injunction is granted or denied.

c) Likelihood of Success on the Merits: The plaintiff must demonstrate a reasonable chance of prevailing in the underlying case.

Additional Considerations for Prejudgment Injunctions:

a) Lack of Adequate Remedy at Law: The plaintiff must show that monetary damages alone would not adequately address the harm.

b) Enforceability: Courts may deny an injunction if it would be difficult to enforce, especially if extensive court supervision would be required.

c) Injunction Against Future Acts: The plaintiff must demonstrate a real and immediate threat of future harm, not just past harm, to justify an injunction against future actions.

d) Preservation of the Status Quo: Courts generally favor prohibitory (preventative) injunctions over mandatory injunctions to maintain the current situation during litigation.

법원은 판결 전 금지명령을 부여할지 여부를 결정할 때 다음과 같은 여러 요소를 고려한다.

a) 회복 불가능한 손해(Irreparable Harm): 원고는 금전적 배상만으로는 충분하지 않은 손해를 입을 가능성이 있음을 증명해야 한다.

b) 불이익의 균형(Balancing of Hardships): 법원은 금지명령이 부여되거나 거부될 경우 양 당사자와 제3자가 겪을 상대적인 불이익을 비교한다.

c) 본안 소송에서의 성공 가능성(Likelihood of Success on the Merits): 원고는 소송에서 승소할 합리적인 가능성이 있음을 보여야 한다.

법원은 판결 전 금지명령을 할 때 추가적으로 다음과 같은 사항을 고려한다.

a) 법적 구제의 불충분성(Lack of Adequate Remedy at Law): 원고는 금전적 손해배상만으로는 손해를 충분히 해결할 수 없음을 증명해야 한다.

b) 집행 가능성(Enforceability): 법원은 광범위한 법원 감독이 필요한 경우처럼 금지명령의 집행이 어려울 경우 이를 거부할 수 있다.

c) 미래 행위에 대한 금지명령(Injunction Against Future Acts): 원고는 미래에 발생할 실제적이고 즉각적인 손해의 위협을 증명해야 하며, 과거의 손해만으로는 미래 행위에 대한 금지명령을 정당화할 수 없다.

d) 현 상태 유지(Preservation of the Status Quo): 법원은 소송 중 현 상황을 유지하기 위해 적극적 금지명령보다는 소극적 금지명령을 선호하는 경향이 있다.

2. 영구 금지명령(Permanent Injunction)

A permanent injunction is a long-term order issued after a final judgment, either preventing a defendant from violating the plaintiff's rights or restoring the plaintiff's rights that have been infringed upon. Unlike prejudgment injunctions, permanent injunctions are issued only after the plaintiff has proven their case on the merits.

To obtain a permanent injunction, the plaintiff must establish:

1) Irreparable Harm: The plaintiff will suffer harm that cannot be fully remedied by monetary damages; and

2) Balancing of Hardships: The plaintiff's hardships without the injunction must outweigh those the defendant would face if the injunction is issued.

Unlike prejudgment injunctions, a permanent injunction does not require the plaintiff to prove a likelihood of success on the merits because the court has already decided in the plaintiff's favor.

영구 금지명령은 최종 판결 후에 발부되는 장기적인 명령으로, 피고가 원고의 권리를 침해하지 못하도록 막거나 침해된 원고의 권리를 회복시키는 역할을 한다. 판결 전 금지명령과 달리, 영구 금지명령은 원고가 본안에서 승소한 경우에만 발부된다.

영구 금지명령을 얻기 위해서는 원고는 다음의 사항을 증명해야 한다.

1) 회복 불가능한 손해(Irreparable Harm): 원고가 금전적 손해배상만으로는 완전히 배상받을 수 없는 손해를 입을 가능성이 있다.

2) 불이익의 균형(Balancing of Hardships): 금지명령이 없을 경우 원고가 겪을 불이익이 금지명령이 발부될 경우 피고가 겪을 불이익보다 크다.

판결 전 금지명령과 달리, 영구 금지명령에서는 원고가 본안에서의 성공 가능성을 증명할 필요가 없다. 법원이 이미 원고의 승소를 결정해 주었기 때문이다.

C 특정이행(Specific Performance)

Specific performance is an equitable remedy in contract law that compels a party to fulfill their contractual obligations as promised. This remedy is generally used in cases where monetary damages are inadequate to protect the plaintiff's expectation interest, such as when the subject of the contract is unique or irreplaceable. Specific performance is typically available only when there has been a breach of contract through nonperformance or repudiation, and it is commonly sought in cases involving real estate, unique goods, or personal property with sentimental or specific value.

특정이행은 계약법에서 당사자가 약속한 계약의 의무를 이행하도록 강제하는 형평법적 구제이다. 특정이행은 계약의 대상이 독특하거나 대체 불가능한 경우와 같이 금전적 손해배상만으로는 원고의 기대 이익을 보호하기에 불충분할 때 주로 사용된다. 특정이행은 일반적으로 계약 불이행 또는 계약 이행의 거부에 따른 계약 위반이 발생했을 때 가능하며, 부동산, 고유한 물품, 정서적이거나 특정한 가치를 가진 동산과 관련된 사건에서 주로 청구된다.

1. 특정이행을 허용하기 위한 요건 (Requirements for Specific Performance)

To grant specific performance, courts generally require the following conditions:

1) Valid and Enforceable Contract: A valid and enforceable contract must exist. This includes offer, acceptance, and consideration.

2) Certainty of Terms: The contract terms must be clear and specific enough for the court to enforce. If essential terms are ambiguous, specific performance may not be granted.

3) Satisfaction of Conditions: All conditions precedent to the defendant's performance must be satisfied or excused. If the plaintiff's obligations are concurrent with the defendant's, the plaintiff must show readiness to perform.

4) Inadequacy of Damages: Monetary damages must be insufficient to protect the plaintiff's interest. This inadequacy often applies when the subject matter of the contract is unique.

5) Fairness and Equitable Grounds: Specific performance is not granted if it would be unfair or impose an undue hardship on the defendant. Courts consider factors such as mistake, undue hardship, and whether both parties acted fairly.

6) Feasibility of Enforcement: Courts will not order specific performance if enforcement would require extensive or ongoing supervision, as is often the case in personal service contracts.

법원이 특정이행을 허용하려면 일반적으로 다음의 조건을 충족해야 한다.

1) 유효하고 집행가능한 계약(Valid and Enforceable Contract): 유효하고 집행 가능한 계약이 존재해야 하며, 이는 청약, 승낙 및 약인을 포함해야 한다.

2) 계약 조건의 명확성(Certainty of Terms): 계약 조건이 명확하고 구체적이어야 하며, 그렇지 않으면 법원이 특정이행을 집행할 수 없다. 주요 조건이 불명확할 경우 특정이행이 부여되지 않을 수 있다.

3) 조건의 충족(Satisfaction of Conditions): 피고의 이행을 위한 모든 선행 조건이 충족되었거나 면제되어야 한다. 원고의 의무가 피고의 의무와 동시 이행인 경우, 원고는 자신의 이행 준비가 되어 있음을 보여주어야 한다.

4) 금전적 손해배상의 불충분성(Inadequacy of Damages): 금전적 손해배상

만으로 원고의 이익을 충분히 보호할 수 없을 때 이 요건이 충족된다. 이는 특히 계약의 대상이 고유한 경우에 해당한다.

5) 공정성과 형평성의 원칙(Fairness and Equitable Grounds): 특정이행이 피고에게 부당하거나 과도한 부담을 줄 경우에는 허용되지 않는다. 법원은 착오, 과도한 부담 및 양 당사자가 공정하게 행위했는지 등의 요소를 고려한다.

6) 집행 가능성(Feasibility of Enforcement): 집행이 장기간의 감독을 필요로 하는 경우, 특히 개인 서비스 계약의 경우, 법원은 특정이행을 명령하지 않는다.

2. 특정이행의 일반적인 적용 사례 (Application of Specific Performance in Common Situations)

1) Real Estate Sales

Courts often grant specific performance in real estate transactions because each parcel of land is considered unique, and monetary damages cannot replace it.

Example: If a seller refuses to complete the sale of a specific beachfront property, the buyer can seek specific performance to obtain that particular property.

2) Sale of Unique Goods

Specific performance is also available for unique or rare goods, such as antiques, custom items, or limited-edition collectibles.

Example: A buyer contracts to purchase a one-of-a-kind sculpture. When the seller refuses delivery, the buyer may seek specific performance, as no amount of money would substitute for the unique artwork.

3) Closely-Held Stock

In cases involving the transfer of shares in a closely held corporation, specific performance may be granted because these shares are not readily available on the open market.

Example: A shareholder has a contract to buy shares in a family business. If the seller refuses to transfer the shares, the court may order specific performance, as shares in the business are not freely obtainable.

1) 부동산 매매(Real Estate Sales)

법원은 부동산 거래에서 자주 특정이행을 허용하는데, 그 이유는 각각의 토지는 고유하며 금전적 손해배상으로 대체할 수 없기 때문이다.

예시: 매도인이 특정 해변가 부동산의 매매를 거부할 경우, 매수인은 그 부동산을 얻기 위해 특정이행을 청구할 수 있다.

2) 고유한 물품의 판매(Sale of Unique Goods)

특정이행은 고유하거나 희귀한 물품, 예를 들어 골동품, 맞춤 제작품 또는 한정판 수집품의 경우에도 허용된다.

예시: 매수인이 유일무이한 조각품을 구매하기로 계약했는데, 매도인이 인도를 거부할 경우, 매수인은 특정이행을 청구할 수 있다. 돈으로는 고유한 예술작품을 대체할 수 없기 때문이다.

3) 비상장 주식(Closely-Held Stock)

비상장 회사의 주식 이전과 관련된 경우, 이러한 주식은 공개 시장에서 쉽게 구할 수 없기 때문에 특정이행이 허용될 수 있다.

예시: 한 주주가 가족 사업의 주식을 사기로 계약했으나 매도인이 주식 이전을 거부할 경우, 법원은 특정이행을 명령할 수 있다. 그 사업의 주식은 자유롭게 구할 수 없기 때문이다.

D 계약수정(Reformation)

Reformation is an equitable remedy allowing a court to correct or rewrite a contract or other document to reflect the true intent of the parties. It is often used when an agreement, as written, contains mistakes that fail to capture the agreed terms. Unlike remedies that void a contract, reformation aims to preserve and correct it to reflect the intended agreement.

계약수정은 법원이 계약이나 기타 문서를 당사자의 진정한 의도를 반영하도록 수정하거나 다시 작성할 수 있게 하는 형평법적 구제이다. 이는 서면으로 작성된 합의가 오류가 있는 등 당사자가 합의한 조건을 정확히 반영하지 않을 때 사용된다. 계약을 무효화하는 구제와 달리, 수정은 계약을 유지하고 의도된 합의 내용을 반영하도록 바로잡는 것을 목표로 한다.

1. 계약의 존재(Existing Contract)

For reformation to be available, there must be an existing agreement. Reformation cannot create an agreement where none exists due to the lack of a valid offer, acceptance, or necessary terms. Similarly, if the contract is voidable due to misrepresentation or fraud, reformation is generally not an option, as there is no enforceable contract to correct.

계약수정이 가능하려면 기존에 유효한 계약이 있어야 한다. 유효한 청약, 승낙 또는 필수 조건이 부족해 계약이 존재하지 않는 경우, 계약수정으로 새로운 계약을 생성할 수 없다. 마찬가지로, 허위 진술이나 사기로 인해 계약을 취소하는 것이 가능한 경우에는 수정이 적용되지 않는데, 이는 수정할 수 있는 집행 가능한 계약이 없기 때문이다.

2. 쌍방 착오에 의한 계약수정(Reformation Based on Mutual Mistake)

Reformation is commonly granted when both parties make a mutual mistake about the content or effect of the document. If both parties are unaware that the written document does not reflect their prior agreement, the court can reform it to match their original understanding.

1) Content Mistakes

These are mistakes involving incorrect or missing terms, often due to a drafting error. This can include omissions, unintended inclusions, or incorrect terms.

Example: If a contract specifies "lot 3" but both parties agreed to transfer "lot 4," this is a content mistake that may be corrected through reformation.

2) Effect Mistakes

These occur when both parties misunderstand the legal effect of a specific clause in the document.

양 당사자가 문서의 내용이나 효과에 대해 쌍방 착오를 한 경우, 계약수정이 일반적으로 허용된다. 양 당사자가 서면의 문서가 이전 합의를 반영하지 않는다는 사실을 모르는 경우, 법원은 이를 원래의 이해에 맞게 수정할 수 있다.

1) 내용의 착오(Content Mistakes)

내용의 착오는 잘못된 용어나 누락된 조건 등으로 발생하는 착오로, 작성 오류로 인해 발생하는 경우가 많다. 누락, 의도하지 않은 포함 또는 부정확한 조건이 이에 해당한다.

예시: 계약서에 "3번 부지"라고 명시되어 있지만, 양 당사자가 "4번 부지"의 양도에 동의한 경우, 이는 계약수정으로 바로잡을 수 있는 내용의 착오이다.

2) 효과의 착오(Effect Mistakes)

효과의 착오는 양 당사자가 특정 조항의 법적 효과에 대해 착오를 했을 때 발생한다.

3. 일방 착오에 의한 계약수정(Reformation Based on Unilateral Mistake)

Reformation may also apply in cases of unilateral mistake, where only one party is mistaken about the document's content or effect. However, this remedy is more limited and depends on the knowledge of the other party.

If the non-mistaken party is aware of the mistake and either induces it fraudulently or does nothing to correct it, the mistaken party may seek reformation. In cases where the non-mistaken party is unaware of the mistake, reformation is generally not available.

계약수정은 문서의 내용이나 효과에 대해 한쪽 당사자만 착오한 경우, 즉 일방의 착오의 경우에도 적용될 수 있다. 다만, 일방의 착오로 인한 계약수정은 제한적이며 다른 당사자의 인식에 따라 달라진다.

비착오 당사자가 그 착오를 알고 있으며 이를 사기적으로 유도했거나 아무런 조치를 취하지 않은 경우, 착오를 한 당사자는 계약수정을 요청할 수 있다. 그러나 비착오 당사자가 그 착오를 알지 못한 경우, 계약수정은 일반적으로 허용되지 않는다.

E 계약 해제(Rescission)

Rescission is an equitable remedy that allows a contract to be canceled or voided, restoring both parties to their positions before the contract was formed. The primary goal of rescission is to undo the contract and eliminate any legal obligations between the parties, effectively treating it as if the contract never existed.

계약 해제는 계약을 취소하거나 무효화하여 계약 체결 이전의 상태로 양 당사자를 복귀시키는 형평법적 구제이다. 계약 해제의 주요 목적은 계약을 원천적으로 무효화하고 당사자 간의 모든 법적 의무를 제거하여 계약이 존재하지 않았던 것처럼 처리하는 것이다.

1. 계약 해제 사유(Grounds for Rescission)

Rescission is usually available under specific circumstances, such as:

1) Misrepresentation or Fraud: If one party entered into the contract based on false statements or fraudulent conduct by the other party, rescission may be granted to address the deception.

2) Mistake: When both parties (mutual mistake) or one party (unilateral mistake) enter into a contract based on a fundamental misunderstanding of a material fact, rescission may be appropriate. Mutual mistakes are more likely to lead to rescission than unilateral mistakes.

3) Duress or Undue Influence: If one party was coerced or unfairly pressured into agreeing to the contract, the court may rescind the contract to prevent exploitation.

4) Illegality: Contracts that involve illegal activities or terms that violate public policy may be subject to rescission, as courts will not enforce illegal agreements.

계약 해제는 다음과 같은 특정 상황에서 일반적으로 허용된다.

1) 허위 진술 또는 사기(Misrepresentation or Fraud): 한 당사자가 상대방의 허위 진술이나 사기적 행위에 기초해 계약을 체결한 경우, 법원은 기만을 해결하기 위해 계약 해제를 허용할 수 있다.

2) 착오(Mistake): 중대한 사실에 대한 근본적인 오해로 인하여 양 당사자 또는 일방 당사자가 계약을 체결한 경우, 계약 해제가 적절할 수 있다. 쌍방 착오는 일방 착오보다 계약 해제를 이끌 가능성이 높다.

3) 강요 또는 부당한 영향력(Duress or Undue Influence): 한 당사자가 강요나 부당한 압력을 받아 계약에 동의한 경우, 법원은 착취를 방지하기 위해 계약을 해제할 수 있다.

4) 위법성(Illegality): 불법 행위나 공공 정책을 위반하는 조건을 포함하는 계약은 법원이 불법 계약을 집행하지 않으므로 계약 해제 대상이 될 수 있다.

2. 계약 해제의 유형(Types of Rescission)

1) 법적 해제(Rescission at Law; Legal Rescission)

To pursue rescission at law, the plaintiff must follow these steps upon discovering grounds for rescission:

a) Prompt Notice: The plaintiff must notify the defendant of their intent to rescind the contract as soon as possible upon discovering the grounds for rescission. This promptness helps establish the plaintiff's good faith and limits potential prejudice against the defendant.

b) Return of Benefits: The plaintiff must return or offer to return any benefits they received under the contract (e.g., property, money). This step is essential to restoring the parties to their pre-contract positions. However, if the benefit is no longer available or has diminished in value (e.g., due to destruction or depreciation), the plaintiff may be excused from returning it under certain conditions, such as if the benefit is now worthless or if the defendant owes the plaintiff an equivalent amount.

Example: If a buyer purchases a car based on the seller's fraudulent statements about its condition, the buyer can notify the seller of rescission and return the car to restore both parties to their pre-contract status.

법적 해제를 청구하려면 원고는 해제 사유를 발견한 후 다음 단계를 따라야 한다.

a) 신속한 통지(Prompt Notic): 원고는 해제 사유를 발견하면 피고에게 계약 해제 의사를 신속히 통지해야 한다. 이러한 신속성은 원고의 선의를 증명하고 피고에게 발생할 수 있는 잠재적 불이익을 최소화하기 위한 것이다.

b) 이익의 반환(Return of Benefits): 원고는 계약 하에 받은 이익(예: 재산, 금전)을 반환하거나 반환할 의사를 보여야 한다. 이 단계는 당사자들을 계약 체결 이전의 상태로 회복하기 위해 필수적이다. 다만, 이익이 더 이상 존재하지 않거나 가치가 감소한 경우(예: 파괴 또는 감가상각으로 인해), 해당 이익이 무가치해졌거나 피고가 원고에게 동일한 금액을 반환할 의무가 있는 경우와 같은 조건에서는 원고는 반환 의무가 면제될 수 있다.

예시: 매수인이 매도인의 차량 상태에 대한 사기성 진술을 바탕으로 차량을 구매한 경우, 매수인은 해제 의사를 매도인에게 통지하고 차량을 반환하여 양측이 계약 전 상태로 복원될 수 있다.

2) 형평법적 해제(Equitable Rescission)

Equitable rescission is ordered by a court when the legal remedy of damages would be inadequate. It may be sought in situations where the plaintiff requires court intervention to formally undo the contract and ensure fair restitution. As with other equitable remedies, rescission in equity requires a showing of good faith and fairness on the part of the plaintiff.

Example: A couple who purchased a house based on the seller's fraudulent misrepresentations about the property's condition could seek equitable rescission in court. The court would cancel the sale, return the property to the seller, and refund the purchase price to the buyers.

형평법적 해제는 손해배상과 같은 법적 구제가 불충분할 때 법원이 명령하는 것이다. 이는 원고가 법원의 개입을 필요로 하여 계약을 공식적으로 무효화하고 공정한 부당이득반환이 이루어지도록 해야 하는 상황에서 청구될 수 있다. 다른 형평법적 구제와 마찬가지로, 형평법적 해제를 위해서는 원고의 선의와 공정성이 요구된다.

예시: 매도인이 부동산의 상태에 대해 허위 진술을 한 경우, 이를 기반으로 주택을 구매한 부부는 법원에 형평법적 해제를 청구할 수 있다. 법원은 매매를 취소하고, 부동산을 매도인에게 반환하며, 매수인에게 구매 금액을 환불해준다.

3) 법적 해제와 형평법적 해제의 비교(Legal vs. Equitable Rescission)

Legal Rescission: Allows a party to unilaterally declare the contract canceled based on legal grounds, such as fraud or mistake, without court involvement. However, the other party must voluntarily comply with the rescission; if they do not, the rescinding party may have to seek court enforcement.

Equitable Rescission: Requires a court order to officially cancel the contract. When a party requests equitable rescission, the court assesses whether rescission is appropriate based on fairness and equity. Equitable rescission is generally pursued when legal rescission alone is insufficient or contested.

법적 해제(Legal Rescission): 사기나 착오와 같은 법적 사유에 근거해 당사자가 법원의 개입 없이 계약을 일방적으로 취소할 수 있게 한다. 그러나 상대방이 해제에 자발적으로 동의하지 않을 경우, 해제하는 당사자는 법원의 집행을 구해야 할 수도 있다.

형평법적 해제(Equitable Rescission): 계약을 공식적으로 취소하기 위해 법원의 명령이 필요한 경우이다. 당사자가 형평법적 해제를 요청할 때, 법원은 공정성과 형평성을 기반으로 해제가 적절한지 평가한다. 형평법적 해제는 법적 해제만으로는 충분하지 않거나 이의가 제기될 때 주로 청구된다.

Ⅳ | 형평법적 항변(EQUITABLE DEFENSES)

Equitable defenses are invoked to bar or limit equitable relief by emphasizing fairness and justice. These defenses focus on the behavior, timing, and circumstances of the parties, and they allow courts to deny relief when granting it would be unjust or inequitable.

형평법적 항변은 공정성과 정의를 강조하여 형평법적 구제를 차단하거나 제한하는 데 사용된다. 이러한 항변은 당사자의 행위, 시기 및 상황에 중점을 두며, 구제를 제공하는 것이 불공정하거나 형평에 어긋나는 경우 법원이 형평법적 구제를 거부할 수 있도록 한다.

A 권리행사 지체(Laches)

Laches is a defense that bars a claim when the plaintiff unreasonably delays in pursuing it, and this delay results in prejudice to the defendant. This defense prevents plaintiffs from "sitting on their rights" and then asserting them after significant time has passed, particularly when the delay harms the defendant's ability to defend themselves.

Example: A property owner delays filing a lawsuit against a neighbor who has built a structure encroaching on their land. If the delay causes the neighbor to incur significant costs in reliance on the structure's permanence, the court may deny an injunction under laches.

권리행사 지체는 원고가 청구를 하는 데 불합리하게 지연하고 이로 인해 피고에게 불이익이 발생할 경우 형평법적 청구를 막는 항변이다. 이 항변은 원고가 권리를 방치했다가 상당한 시간이 지난 후 이를 주장해 피고의 방어를 어렵게 만드는 것을 방지하는 것이다.

예시: 한 토지 소유자가 이웃이 자신의 토지에 걸쳐 구조물을 세운 후 소송을 지연한다면, 이웃이 구조물의 영구성에 의존해 상당한 비용을 지출하게 된다. 이 경우 법원은 권리행사 지체를 근거로 금지명령을 거부할 수 있다.

B 무흠결(Unclean Hands)

The unclean hands doctrine denies equitable relief to a plaintiff who has engaged in unethical, dishonest, or otherwise improper conduct related to the subject matter of the complaint. This defense emphasizes that those seeking equity must act equitably themselves, promoting fair dealing and good faith.

Example: A landlord who sues a tenant for breaching a lease but who has been engaging in illegal conduct on the premises may be denied relief under the unclean hands doctrine, as their actions undermine the fairness of their claim.

무흠결의 원칙은 원고가 청구와 관련된 비윤리적이거나 부정직한 행위에 관여한 경우 형평법적 구제를 부인하는 항변이다. 이 항변은 형평을 구하는 자는 스스로 형평적으로 행위를 해야 한다는 점을 강조하며, 공정한 거래와 선의의 행위를 촉진하는 것이다.

예시: 임대인이 임대 계약 위반으로 임차인을 고소하지만, 임대인이 그 장소에서 불법 행위를 저질렀다면 무흠결의 원칙에 따라 구제를 거부당할 수 있다.

C 금반언(Estoppel)

Estoppel prevents a party from asserting a claim or right that contradicts their previous actions, statements, or behaviors if the other party relied on those representations to their detriment. Estoppel protects the expectations and reliance interests of parties and prevents unjust outcomes from contradictory actions.

Example: If a landlord tells a tenant they can extend their lease without formal renewal, the landlord may be estopped from later evicting the tenant for not renewing, as the tenant relied on the landlord's assurance.

금반언은 상대방이 손해를 감수하며 특정 행위나 진술에 의존했을 경우, 이전의 행위 또는 진술과 모순되는 주장을 금지하는 항변이다. 금반언은 당사자의 기대와 신뢰 이익을 보호하고 모순된 행위로 인한 부당한 결과를 방지하는 것이다.

예시: 임대인이 임차인에게 정식의 임대차 갱신 없이 임대차를 연장할 수 있다고 말한 경우, 임대인은 갱신하지 않았다는 이유로 임차인을 퇴거시키는 것은 금반언으로 금지될 수 있다.

D 과도한 부담(Undue Hardship)

Undue hardship can limit or prevent equitable relief if enforcing a remedy would impose unreasonable or excessive hardship on the defendant. This defense recognizes that equitable remedies should not be granted when they create substantial harm that outweighs the benefit to the plaintiff.

Example: A court may deny the specific performance of a contract requiring a seller to deliver specialized goods if doing so would cause significant financial loss to the seller and a suitable alternative exists for the buyer.

과도한 부담은 피고에게 과도한 부담을 주는 경우 형평법적 구제를 제한하거나 막을 수 있는 항변이다. 이 항변은 형평법적 구제가 원고에게 이익을 주기보다 피고에게 실질적인 손해를 초래할 때 인정된다.

예시: 특정 제품을 제공해야 하는 계약의 특정 행위의 명령이 매도인에게 큰 재정적 손실을 초래하고, 매수인에게 적절한 대체품이 있다면, 법원은 특정 행위를 거부할 수 있다.

E 상황 변경(Changed Circumstances)

Changed circumstances refer to significant alterations in the situation or context surrounding an agreement or issue that make the enforcement of equitable remedies impractical or unfair. This defense applies when circumstances at the time of enforcement differ substantially from those at the time the remedy was sought or when the contract was made.

Example: A court may refuse to enforce an injunction requiring a business to operate in a specific way if significant changes in the law or economic environment make compliance impractical or prohibitively costly.

상황 변경은 구제를 요청할 당시와 비교해 합의나 쟁점사항의 상황이 크게 변해 형평법적 구제의 집행이 비현실적이거나 불공정해진 경우 적용되는 항변이다.

예시: 법원이 특정 방식으로 운영하도록 요구하는 금지명령을 내렸으나, 법이나 경제 환경의 큰 변화로 인해 준수가 비현실적이거나 비용이 과도하게 발생할 경우 법원은 이를 집행하지 않을 수 있다.

F 동등한 부정행위(In Pari Delicto)

In pari delicto is a doctrine that prevents a plaintiff from recovering if they were equally at fault in the wrongful conduct. This defense is used when both parties have participated in illegal or unethical activity, barring the plaintiff from seeking equitable relief when they bear equal responsibility for the harm.

Example: If two business partners engage in a fraudulent scheme together, one partner cannot seek equitable relief against the other in relation to the fraud, as both were equally at fault.

동등한 부정행위 원칙은 원고가 잘못된 행위에 대해 동등한 책임이 있을 경우 형평법적 구제를 청구할 수 없도록 하는 항변이다. 이 항변은 양 당사자가 불법적이거나 비윤리적인 활동에 관여했을 때 적용되며, 원고가 손해에 대해 동등한 책임을 지는 경우 형평법적 구제를 금지하는 것이다.

예시: 두 사업 파트너가 함께 사기 행위에 가담한 경우, 한 파트너는 사기와 관련해 다른 파트너에 대해 형평법적 구제를 청구할 수 없다.

G 포기(Waiver)

Waiver occurs when a party voluntarily relinquishes a known right, either explicitly or through actions that imply they intended to waive the right. In equitable cases, waiver can prevent a party from asserting a claim if their behavior suggests they abandoned or forgave the issue at hand.

Example: If a creditor allows a debtor to miss several payments without penalty, the creditor may be considered to have waived the right to enforce timely payments and may be barred from demanding immediate repayment for previously missed payments.

포기는 당사자가 특정 권리를 자발적으로 포기하는 경우 발생하며, 형평법적 사건에서 포기는 해당 권리를 포기하거나 용서한 것으로 보이는 행위를 통해 형평법적 청구를 금지할 수 있다.

예시: 채권자가 채무자가 몇 차례 연체를 해도 벌칙 없이 허용한 경우, 채권자는 그동안의 연체에 대해 즉시 상환을 요구할 권리를 포기한 것으로 간주될 수 있다.

H 불공정(Unconscionability)

Unconscionability is a defense that prevents the enforcement of a contract or term that is so one-sided or unfair that it shocks the conscience. Courts consider whether the terms of the agreement are oppressive or if the bargaining process itself was fundamentally unfair.

Example: A contract that requires one party to pay exorbitant fees under exploitative terms may be deemed unconscionable, especially if the disadvantaged party had no meaningful choice but to accept the terms.

불공정은 계약의 조건이 지나치게 불공정하거나 일방적일 때 이를 집행하지 않도록 하는 항변이다. 법원은 계약 조건이 억압적인지 또는 협상 과정 자체가 근본적으로 불공정했는지를 고려한다.

예시: 한쪽 당사자가 과도한 수수료를 요구하는 착취적인 조건을 강요하는 계약은 불공정하다고 간주될 수 있으며, 특히 상대방이 의미 있는 선택 없이 조건을 받아들여야 했을 경우 해당된다.

V | 특정 영역에서의 구제 (REMEDIES IN SPECIFIC AREAS)

A 불법 행위에서의 구제(Remedies in Torts)

Remedies in tort law aim to address the harm or injury suffered by a plaintiff due to a defendant's wrongful actions. They are designed to either compensate the injured party, restore them to their original position, or prevent further harm.

불법행위법에서의 구제는 피고의 잘못된 행위로 인해 원고가 입은 손해를 해결하기 위한 것이다. 이러한 구제는 손해를 배상하거나, 원고를 원래의 상태로 회복시키거나, 추가적인 손해를 방지하기 위한 것이다.

1. 전보적 손해배상(Compensatory Damages)

Compensatory damages are the primary remedy in tort law. They aim to "make the plaintiff whole" by covering the losses directly resulting from the tort. Compensatory damages are divided into two subcategories: economic damages and non-economic damages.

전보적 손해배상은 불법행위법의 주요한 구제로, 불법 행위로 발생한 손실을 배상하여 원고를 온전하게 하는 것을 목표로 한다. 전보적 손해배상은 경제적 손해배상과 비경제적 손해배상으로 나뉜다.

1) 경제적 손해배상(Economic Damages)

Economic damages cover the quantifiable financial losses incurred by the plaintiff as a direct result of the tort. Economic damages include:

a) Medical Expenses: Costs of treatment, surgeries, rehabilitation, and any future medical expenses related to the injury.

b) Lost Wages: Income lost due to the inability to work, as well as any future loss of earning capacity.

c) Property Damage: The cost to repair or replace any damaged or destroyed property.

d) Out-of-Pocket Costs: Other calculable expenses related to the injury.

Example: In a car accident case where the plaintiff suffered a broken leg, economic damages would cover medical expenses for treatment, costs for repairing the car, and lost wages during recovery.

경제적 손해배상은 원고가 입은 구체적인 재정적 손실을 배상하며, 다음의 사항이 포함된다.

a) 의료비(Medical Expenses): 치료비, 수술비, 재활비 및 부상과 관련된 미래의 의료비이다.

b) 임금 손실(Lost Wages): 일할 수 없게 되어 발생한 소득의 손실과 미래의 소득의 능력의 감소이다.

c) 재산 손해(Property Damage): 손상되거나 파괴된 재산의 수리 또는 교체 비용이다.

d) 기타 부대비용(Out-of-Pocket Costs): 손해와 관련된 기타 계산 가능한 비용이다.

예시: 교통사고로 다리를 다친 원고는 치료비, 차량 수리비 및 회복 중 발생하는 임금 손실에 대해 경제적 손해배상을 청구할 수 있다.

2) 비경제적 손해배상(Non-Economic Damages)

Non-economic damages compensate for non-quantifiable harms that do not have a specific monetary value. They include:

a) ain and Suffering: Physical and emotional pain endured due to the injury.

b) Emotional Distress: Anxiety, depression, and other psychological impacts from the injury.

c) Loss of Enjoyment of Life: The diminished ability to enjoy daily life, hobbies, or activities.

d) Loss of Consortium: Compensation to a spouse or family member for the loss of companionship or support due to the injury.

Example: If a car accident left the plaintiff with chronic pain, the plaintiff may seek non-economic damages for ongoing pain and suffering, loss of enjoyment in life, and emotional distress.

비경제적 손해배상은 금전적 가치로 환산할 수 없는 손해에 대한 배상으로, 다음의 사항이 포함된다.

a) 신체 및 정신적 고통(Pain and Suffering): 부상으로 인하여 겪게 되는 신체 및 정신적 고통이다.

b) 정신적 고통(Emotional Distress): 부상으로 인한 불안 및 우울증 등의 심리적으로 겪는 고통이다.

c) 생활의 향유 상실(Loss of Enjoyment of Life): 일상 생활, 취미 또는 활동에 대한 즐거움이 줄어듦으로써 발생하는 상실이다.

d) 배우자 또는 가족 관계 상실(Loss of Consortium): 부상으로 인해 배우자나 가족이 겪는 동반자적 또는 지원의 손실에 대한 배상을 의미한다.

예시: 교통사고로 원고가 만성 통증을 겪게 된 경우, 비경제적 손해배상으로

지속적인 고통과 괴로움, 생활의 향유 상실 및 정신적 고통에 대해 청구할 수 있다.

2. 징벌적 손해배상(Punitive Damages)

Punitive damages, also known as exemplary damages, are intended to punish the defendant for particularly egregious or willful misconduct and to deter others from similar behavior. These are awarded in addition to compensatory damages and are generally available only in cases where the defendant's actions were reckless, malicious, or grossly negligent.

Example: In a case where a company knowingly sold a defective product that caused injury, punitive damages might be awarded to punish the company and deter similar actions in the future.

Limitations: Courts often apply limitations on punitive damages to ensure they are not excessive, and punitive damages are subject to review based on constitutional principles (such as the Due Process Clause in the United States) to prevent unjustly high awards.

징벌적 손해배상은 피고의 악의적, 의도적 또는 중대한 과실 행위에 대해 피고를 처벌하고 유사한 행위를 억제하기 위한 것이다. 이는 전보적 손해배상 외에 추가로 부여되며, 피고의 행위가 악의적이거나 심각한 과실이었을 경우에만 일반적으로 허용된다.

예시: 한 회사가 결함이 있는 제품을 알고도 판매하여 부상을 초래한 경우, 법원은 회사를 처벌하고 유사한 행위를 방지하기 위해 징벌적 손해배상을 부여할 수 있다.

제한 사항(Limitations): 법원은 징벌적 손해배상이 과도하지 않도록 제한을 두며, 헌법상의 적법 절차 조항(due process clause)에 따라 부당하게 높은 배상을 방지한다.

3. 형평법적 구제(Equitable Remedies)

Equitable remedies in tort law are non-monetary forms of relief that aim to prevent future harm or undo harm caused by the tort. They include injunctions, restitution, replevin, etc.

1) Injunctions

An injunction is a court order that requires the defendant to do something (mandatory injunction) or stop doing something (prohibitory injunction) that is causing harm to the plaintiff. Injunctions are commonly used when monetary damages would be insufficient to prevent ongoing or future harm.

Example: A property owner might seek an injunction against a neighbor who continually trespasses or causes a nuisance.

2) Restitution

Restitution requires the defendant to restore any benefits they unjustly obtained from the plaintiff, aiming to prevent unjust enrichment. This is often used in cases where the defendant profited directly from the tort at the plaintiff's expense.

Example: In a case of fraud, the court might order restitution to return the money wrongfully taken from the plaintiff.

3) Replevin

Replevin is an action for the return of specific property wrongfully taken or withheld from the plaintiff. It is particularly useful when the plaintiff's property has been converted (wrongfully taken) and they wish to recover the actual item rather than monetary compensation.

Example: If an art collector's rare painting is stolen, they may seek replevin to recover the painting rather than just receiving its monetary value.

형평법적 구제는 금전적 배상 대신 추가적인 손해를 방지하거나 이미 발생한 손해를 해결하기 위한 비금전적 구제이다. 여기에는 금지명령, 부당이득반환, 동산반환청구 등이 있다.

1) 금지명령(Injunctions)

법원이 피고에게 특정 행위를 하도록(적극적 금지명령) 또는 하지 않도록(소극적 금지명령) 명령하는 것으로, 금전적 배상만으로는 충분하지 않을 때 주로 사용된다.

예시: 토지 소유자가 계속해서 무단침입하거나 소란을 일으키는 이웃에 대해 금지명령을 요청할 수 있다.

2) 부당이득반환(Restitution)

피고가 원고에게 부당하게 얻은 이익을 반환하도록 요구하여 부당한 이득을 방지한다.

예시: 사기 사건에서 법원이 피고에게 원고로부터 부당하게 얻은 돈을 반환하도록 명령할 수 있다.

3) 동산반환청구(Replevin)

원고가 부당하게 점유된 특정 재산의 반환을 요구하는 소송으로, 원고가 금전적 배상 대신 해당 물품의 반환을 원하는 경우 유용하다.

예시: 예술 수집가의 희귀 그림이 도난당한 경우, 원고는 그림의 금전적 가치 대신 반환청구소송을 통해 그림 자체를 회수할 수 있다.

4. 명목적 손해배상(Nominal Damages)

Nominal damages are a small monetary award (often $1) given when the plaintiff proves that the defendant committed a tort but cannot show significant harm or financial loss. This award is symbolic, acknowledging the violation of rights even if no substantial damages were incurred.

명목적 손해배상은 원고가 피고의 불법 행위를 증명했으나 실질적인 손해나 재정적 손실을 증명할 수 없을 때 주어지는 소액의 상징적 배상금(일반적으로 $1)이다. 이는 큰 손해가 없어도 권리 침해가 있음을 인정하게 하는 것이다.

5. 법정 손해배상(Statutory Damages)

In some cases, tort remedies are governed by statute, which specifies a fixed amount or range of damages for certain types of harm. Statutory damages are used to encourage compliance with specific laws and provide a predictable amount for certain types of cases, such as violations of consumer protection laws or intellectual property rights.

일부 사건의 경우, 불법 행위에 대한 구제는 특정 유형의 손해에 대해 고정된 금액 또는 범위를 지정하는 법률에 의해 결정이 된다. 법정 손해배상은 특정 법률의 준수를 촉진하고, 소비자 보호법이나 지식재산권 침해와 같은 유형의 사건에 대해 예측 가능한 금액을 제공한다.

6. 선언적 판결(Declaratory Judgment)

A declaratory judgment is a court's declaration of the legal rights and obligations of the parties without awarding damages or ordering action. This type of remedy is used to clarify legal rights when there is an ongoing dispute or uncertainty, which can prevent future harm or litigation.

Example: If a property owner and a neighboring business disagree over the boundaries of their property, a declaratory judgment could clarify the property lines, preventing future disputes.

선언적 판결은 당사자의 법적 권리와 의무에 대한 법원의 선언으로, 배상금 지급이나 특정 행위를 명령하지는 않는다. 선언적 판결은 분쟁이나 불확실성이 있는 경우 법적 권리를 명확히 하여 추가적인 손해나 소송을 예방하는 데 사용된다.

예시: 한 토지 소유자와 인근 사업체가 토지 경계를 놓고 의견이 충돌할 경우, 법원이 경계선을 명확히 하여 미래의 분쟁을 방지할 수 있다.

7. 가해자 완전책임(Eggshell Skull Rule)

The Eggshell Skull Rule (also known as the "Thin Skull Rule") is a legal doctrine in tort law that holds a defendant fully liable for the plaintiff's injuries even if the plaintiff had a preexisting vulnerability or condition that made the injuries more severe than they would be for an average person. This rule applies in cases where the defendant's actions caused harm to the plaintiff, regardless of the plaintiff's unique susceptibility to injury.

The Eggshell Skull Rule is often applied in cases of negligence, but it can also apply in intentional torts where the defendant's wrongful conduct directly causes harm to the plaintiff. The key consideration is that the defendant's conduct caused harm, and the plaintiff's unique vulnerability amplified the injuries.

Example: If a plaintiff with a brittle bone condition suffers severe fractures from a minor impact caused by the defendant, the defendant is responsible for the full extent of those injuries, even though an average person might have only suffered a minor bruise.

가해자 완전책임은 불법행위법에서 원고가 기존의 취약성이나 질환으로 인해 평균적인 사람보다 더 심각한 부상을 입었더라도, 피고가 원고의 부상에 대해 전적으로 책임을 지도록 하는 법 원칙이다. 이 원칙은 피고의 행위가 원고에게 손해를 초래한 경우, 원고의 고유한 취약성이 부상을 증폭시켰더라도 피고가 모든 손해를 책임져야 한다는 것이다.

가해자 완전책임은 주로 과실 사건에 적용되지만, 피고의 잘못된 행위가 원고에게 직접적인 손해를 초래한 경우, 고의에 의한 불법 행위 사건에도 적용될 수 있다. 중요한 점은 피고의 행위가 원인이 되어 손해가 발생했으며, 원고의 취약성이 부상을 심화시켰다는 것이다.

예시: 골절 위험이 높은 골다공증을 가진 원고가 피고의 가벼운 충격으로 인해 심각한 골절을 입은 경우, 피고는 그 부상에 대해 전적으로 책임을 져야 한다. 이는 평균적인 사람이 단순 타박상에 그쳤을 상황에서도 마찬가지이다.

8. 손해경감의무(Avoidable Consequences Rule)

> The Avoidable Consequences Rule (also known as the Mitigation of Damages doctrine) is a legal principle that requires plaintiffs to take reasonable steps to minimize the damages. This rule limits the defendant's liability to the extent that the plaintiff could have reasonably avoided further harm or loss. The principle prevents plaintiffs from recovering damages that could have been avoided through reasonable efforts, promoting fairness and efficiency by discouraging plaintiffs from allowing damages to escalate unnecessarily.

손해경감의무는 원고가 합리적인 조치를 통해 손해를 최소화해야 한다는 법 원칙이다. 이 원칙은 원고가 추가적인 손해나 손실을 합리적으로 방지할 수 있었던 경우, 피고의 책임을 제한하는 것이다. 원고가 손해를 방치해 손해가 불필요하게 증가하는 것을 방지하며, 공정성과 효율성을 촉진하는 것이다.

B 계약에서의 구제(Remedies in Contracts)

In contract law, remedies are designed to protect the interests of the non-breaching party and ensure fairness. When a breach occurs, several remedies can be considered, depending on the nature of the contract, the type of breach, and the specific circumstances involved.

계약법에서의 구제는 비위반 당사자의 이익을 보호하고 공정성을 보장하기 위한 것이다. 계약 위반이 발생했을 때, 계약의 성격, 위반의 유형 및 관련된 특정 상황에 따라 여러 구제가 고려될 수 있다.

1. 금전적 손해배상(Monetary Damages)

The most common remedy for a breach of contract is seeking damages through legal action. The overarching aim of contract damages is to compensate the injured party, putting them in a position as close as possible to where they would have been if the breach had not occurred.

계약 위반에 대한 가장 일반적인 구제는 법적 조치를 통해 손해배상을 청구하는 것이다. 계약에서의 손해배상의 궁극적인 목적은 손해를 입은 당사자를 가능한 한 계약 위반이 없었을 경우의 상태에 가깝게 회복시키는 것이다.

1) 기대이익 배상(Expectation Damages)

Expectation damages, also known as "benefit of the bargain" damages, are the primary remedy in contract law. Their purpose is to place the non-breaching party in the position they would have been in if the contract had been fully performed as agreed. These damages aim to fulfill the plaintiff's expectation interest, compensating for the losses incurred due to the breach and the gains they would have realized if the contract had been performed.

Expectation damages are calculated as the value of the promised performance minus the value of the actual performance received, plus any incidental or consequential damages caused by the breach, minus any costs or losses avoided by the plaintiff. If the breach allowed the non-breaching party to avoid certain costs or expenses, those amounts are deducted from the total damages.

기대이익 배상은 계약법에서 주요한 구제이다. 기대이익 배상의 목적은 계약이 합의대로 완전히 이행되었다면 비위반 당사자가 있었을 상태로 만들어 주는 것이다. 이러한 손해배상은 원고의 기대 이익을 충족시키는 데 초점을 맞추며, 계약 위반으로 인해 발생한 손해와 계약이 이행되었다면 실현됐을 이익을 배상하는 것이다.

기대이익 배상은 약속된 이행의 가치에서 실제로 받은 이행의 가치를 뺀 금액에, 계약 위반으로 인한 부대적 또는 결과적 손해를 더하고, 원고가 회피한 비용이나 손실을 뺀 금액으로 계산된다. 계약 위반으로 인해 비위반 당사자가 특정 비용이나 지출을 피할 수 있었다면, 그 금액은 총 손해배상액에서 차감된다.

a) 물품 계약(Goods Contracts)

Under the Uniform Commercial Code (UCC), expectation damages in the sale of goods are typically calculated as the difference between the contract price and the market price at the time of the breach, plus incidental and consequential damages.

Example: A seller agrees to sell goods for $5,000 but breaches. If the market price of the goods at the time of the breach is $6,000, the buyer's expectation damages are $1,000 (plus any additional costs).

통일상법전(UCC)에 따르면, 물품 매매 계약에서 기대이익 배상은 일반적으로 계약 가격과 위반 당시 시장 가격의 차이에 부수적 손해와 결과적 손해를 더한 금액으로 계산된다.

예시: 매도인이 $5,000에 물품을 판매하기로 했으나 위반했다면, 위반 당시 해당 물품의 시장 가격이 $6,000인 경우 매수인의 기대이익 배상은 $1,000(추가 부수적 비용이 있다면 해당 비용 포함)이다.

b) 건설 계약(Construction Contracts)

> If a contractor breaches, damages may include the cost of completing the project minus the unpaid portion of the contract price.
>
> Example: A contractor fails to complete a house for $300,000, leaving it 80% finished. If it costs $80,000 to finish the house, the damages would account for this completion cost, adjusted for any amounts still owed under the contract.

계약자가 계약을 위반한 경우, 손해배상은 프로젝트 완료 비용에서 미지급 계약 금액을 뺀 금액을 포함한다.

예시: 계약자가 $300,000의 계약으로 집을 80%만 완성하고 이행하지 않은 경우, 집을 완성하는 데 $80,000이 든다면, 손해배상은 이 완료의 비용에서 계약에 따라 지급해야 할 잔액을 조정한 금액이다.

c) 고용 계약(Employment Contracts)

> When an employer breaches an employment contract, damages are based on the promised salary minus any income the employee earns or could reasonably earn through alternative employment.
>
> Example: An employee's $100,000 annual contract is wrongfully terminated after six months. If the employee finds a new job earning $40,000 for the remainder of the year, damages are $10,000 ($50,000 - $40,000).

고용주가 고용 계약을 위반한 경우, 손해배상은 약속된 급여에서 직원이 대체 고용을 통해 벌었거나 합리적으로 벌 수 있었던 소득을 뺀 금액을 기준으로 계산된다.

예시: 직원의 연봉 $100,000 계약이 6개월 후 부당하게 종료되었고, 직원이 남은 기간 동안 $40,000을 벌 수 있는 새 직장을 찾았다면, 손해배상은 $10,000($50,000 - $40,000)이다.

2) 신뢰이익 배상(Reliance Damages)

Reliance damages are a type of contractual remedy awarded to compensate the non-breaching party for expenses or losses incurred in reliance on the contract. The goal is to restore the plaintiff to the position they were in before the contract was formed, rather than fulfilling their expectation interest. This remedy is often used when it is difficult or impossible to prove the profits or benefits the non-breaching party would have earned if the contract had been performed.

Example: A start-up company enters into a contract to supply goods but cannot demonstrate what its profits would have been due to the lack of prior business history. The company may instead recover reliance damages for investments made in anticipation of the contract.

신뢰이익 배상은 계약에 의존하여 발생한 비용이나 손실을 배상하기 위해 비위반 당사자에게 부여되는 계약상 구제이다. 이 손해배상의 목표는 원고를 계약 체결 이전의 상태로 회복하는 것이며, 기대 이익을 충족시키는 것이 아니다. 신뢰이익 배상은 비위반 당사자가 계약이 이행되었을 경우 얻었을 수익이나 이익을 합리적인 확실성으로 증명하기 어렵거나 불가능할 때 사용된다.

예시: 스타트업 회사가 물품을 공급하기 위한 계약을 체결했지만, 이전 사업 기록이 없어 예상 수익을 증명할 수 없는 경우, 회사는 계약을 기대하며 투자한 비용에 대해 신뢰이익 배상을 청구할 수 있다.

3) 부수적 손해배상(Incidental Damages)

Incidental damages are compensation for commercially reasonable expenses incurred as a result of the other party's breach. In contracts involving the sale of goods, incidental damages may include the cost related to inspection, transportation, and custody of the goods. This ensures that the non-breaching party is compensated for the additional expenses he had to bear due to the breach.

부수적 손해배상은 상대방의 계약 위반으로 인하여 발생한 상업적으로 합리적인 비용에 대한 배상이다. 물품 매매와 관련된 계약에서 부수적 손해배상은 물품의 검사, 운송 및 보관 등과 관련된 비용이 해당된다. 부수적 손해배상은 계약 위반 행위로 인하여 비위반 당사자가 부담해야 했던 추가적인 비용에 대한 배상을 보장하는 것이다.

4) 결과적 손해배상(Consequential Damages)

Consequential damages, also known as special damages, are intended to compensate the non-breaching party for indirect losses that occur as a natural and foreseeable consequence of the breach.

Requirements for consequential damages are:

a) Specific to the individual circumstances of the plaintiff, meaning they aren't general losses that any plaintiff would suffer but are instead particular to the situation of the plaintiff in question; and

b) Reasonably foreseeable by the party who breaches the contract at the time the contract was made, implying that the breaching party could have anticipated these damages as a likely result of his failure to fulfill the contract terms.

결과적 손해배상은 계약 위반으로 자연적이고 예견 가능한 결과로 발생하는 간접적 손해를 비위반 당사자에게 배상하는 것이다.

결과적 손해배상의 요건은 다음과 같다.

a) 원고의 개별적 상황에 따라 특정되며, 이는 원고가 입게 될 일반적인 손해가 아니라 해당 원고의 상황에 특정되는 것을 의미한다.

b) 계약체결 당시 계약을 위반한 당사자가 합리적으로 예견할 수 있는 것으로서, 이는 위반 당사자가 자신의 계약조건 미이행으로 인하여 이러한 손해가 발생할 것을 예상할 수 있었음을 의미한다.

5) 손해배상액의 예정(Liquidated Damages)

Liquidated Damages is pre-determined damages agreed upon in the contract, intended to estimate and compensate for losses in case of breach. Courts will enforce liquidated damages if they are reasonable and not a penalty.

Example: A contract includes a liquidated damages clause requiring a builder to pay $500 per day for each day the project completion is delayed beyond the agreed deadline.

손해배상액의 예정은 계약에서 사전에 합의된 손해배상금으로, 위반이 발생할 경우 손해를 추정하고 배상하기 위한 것이다. 법원은 손해배상액의 예정이 합리적이고 처벌적 성격이 아닐 경우 이를 집행한다.

예시: 계약에 손해배상액의 예정 조항이 포함되어 있어, 건축업자가 프로젝트 완료 기한을 초과하여 하루 늦을 때마다 하루당 $500를 지불하게 한다.

2. 부당이득반환(Restitution)

Restitution aims to prevent the breaching party from being unjustly enriched at the expense of the non-breaching party. In restitution, the focus is on restoring any benefit conferred on the breaching party by the non-breaching party, essentially unwinding the transaction and returning both parties to their pre-contract positions.

Example: A homeowner pays a contractor in advance to complete renovations. If the contractor breaches by not performing the work, the homeowner can seek restitution to recover the advance payment.

Restitution is especially common in cases where the contract has been rescinded (canceled) due to factors like fraud, mistake, or lack of capacity, as it aims to restore fairness by returning the benefits exchanged.

부당이득반환의 목적은 비위반 당사자의 비용으로 위반 당사자가 부당하게 이익을 얻는 것을 방지하는 데 있다. 부당이득반환에서는 비위반 당사자가 위반 당사자에게 제공한 이익을 회복하는 데 초점을 맞추며, 거래를 되돌리고 양 당사자를 계약 체결 이전의 상태로 복원하는 것을 목표로 하는 것이다.

예시: 주택 소유자가 계약금을 선불로 지불하고 리모델링을 맡겼으나, 계약자가 작업을 수행하지 않고 계약을 위반한 경우, 주택 소유자는 선불금을 회수하기 위해 부당이득반환을 청구할 수 있다.

부당이득반환은 특히 계약이 사기, 착오 또는 능력 부족 등의 이유로 해제된 경우에 자주 사용되며, 교환된 이익을 반환하여 공정성을 회복하는 것이다.

3. 특정이행 청구(Specific Performance)

Specific performance compels the breaching party to perform their obligations under the contract, often used in cases where the subject matter is unique, such as real estate or rare goods. Specific performance is generally granted only when monetary damages would be inadequate to fulfill the non-breaching party's expectation.

Example: A buyer contracts to purchase a rare piece of art. If the seller refuses to deliver it, the buyer may seek specific performance to compel the sale, as monetary damages would not fully substitute for the unique artwork.

특정이행 청구는 계약 위반 당사자가 계약상의 의무를 이행하도록 강제하는 구제로, 주로 부동산이나 희귀 물품처럼 대상이 고유한 경우에 사용된다. 특정이행 청구는 금전적 손해배상만으로 비위반 당사자의 기대를 충족시킬 수 없을 때 일반적으로 인정된다.

예시: 매수인이 희귀 예술 작품을 구매하기로 계약했으나 매도인이 이를 인도하지 않는 경우, 매수인은 특정이행 청구를 통해 작품 판매를 강제할 수 있다. 이는 금전적 손해배상이 고유한 예술 작품을 대체하지 못하기 때문이다.

4. 금지 명령(Injunction)

An injunction prohibits a party from doing something or requires them to refrain from specific actions that would violate the contract. Injunctions are often used in cases involving non-compete clauses, confidentiality agreements, or other contractual duties.

Example: A former employee with a non-compete agreement starts working for a competitor. The former employer may seek an injunction to prevent the employee from violating the non-compete.

금지명령은 한 당사자가 특정 행위를 하지 못하도록 금지하거나, 계약을 위반하는 특정 행위를 하지 않도록 요구하는 명령이다. 금지명령은 주로 경쟁 금지 조항, 기밀 유지 계약 또는 기타 계약 의무와 관련된 사례에서 사용된다.

예시: 경쟁 금지 계약을 체결한 전직 직원이 경쟁 업체에서 근무를 시작한 경우, 이전 고용주는 해당 직원이 경쟁 금지 조항을 위반하지 못하도록 금지명령을 요청할 수 있다.

5. 계약수정(Reformation)

Reformation allows the court to rewrite the contract to reflect the true intentions of the parties when the written terms contain errors or fail to capture their agreement.

Example: If a contract mistakenly identifies "Lot 2" instead of "Lot 3," the court may reform the contract to correct the error.

계약 수정은 계약서의 조건에 오류가 있거나 당사자의 합의를 제대로 반영하지 못한 경우, 법원이 계약을 재작성하여 당사자의 진정한 의도를 반영하도록 하는 구제이다.

예시: 계약서에 "2번 부지" 대신 착오로 "3번 부지"가 명시된 경우, 법원은 계약을 수정하여 해당 오류를 바로잡을 수 있다.

6. 계약 해제(Rescission)

Rescission cancels the contract and restores both parties to their pre-contract positions. It is often used in cases of fraud, mistake, or duress.

Example: A buyer discovers that the seller misrepresented the quality of a product. The buyer may seek rescission to cancel the contract and recover the purchase price.

계약 해제는 계약을 취소하고 양 당사자를 계약 체결 이전의 상태로 복원하는 것이다. 이는 주로 사기, 착오 또는 강압과 같은 경우에 사용된다.

예시: 매도인이 제품의 품질을 허위로 진술했음을 매도인이 발견한 경우, 매수인은 계약 해제를 통해 계약을 취소하고 구매 금액을 환불받을 수 있다.

7. 선언적 판결(Declaratory Judgment)

A declaratory judgment determines the rights and obligations of the parties without awarding damages or compelling action. This remedy is often used to clarify legal questions and prevent future disputes.

Example: Two business partners disagree over the interpretation of a profit-sharing clause. One partner may seek a declaratory judgment to clarify their rights under the agreement.

선언적 판결은 손해배상을 부여하거나 특정 행위를 강제하지 않고, 당사자의 권리와 의무를 결정하는 판결이다. 이 구제는 주로 법적 문제를 명확히 하고 미래의 분쟁을 방지하기 위해 사용된다.

예시: 두 사업 파트너가 이익 분배 조항의 해석을 두고 의견이 다를 경우, 한 파트너가 선언적 판결을 요청하여 계약상 자신의 권리를 명확히 할 수 있다.

8. 준계약 구제(Quasi-Contractual Remedies)

In cases where no valid contract exists, but one party has provided a benefit to another, courts may impose a quasi-contract (quantum meruit) to prevent unjust enrichment. Quantum meruit allows the plaintiff to recover the reasonable value of services rendered.

Example: A contractor performs partial work on a project based on an oral agreement later deemed unenforceable. The contractor may recover the value of the labor and materials provided.

유효한 계약이 존재하지 않지만 한 당사자가 다른 당사자에게 이익을 제공한 경우, 법원은 부당 이득을 방지하기 위해 준계약을 부과할 수 있다. 적정대가 청구(quantum meruit)를 통해 원고는 제공한 서비스의 합리적인 가치를 회수할 수 있다.

예시: 계약자가 구두 계약에 따라 프로젝트의 일부 작업을 수행했으나, 그 계약이 나중에 집행 불가능한 것으로 판명된 경우, 계약자는 제공한 노동과 자재의 가치에 대해 보상을 청구할 수 있다.

C 부동산 분쟁에서의 구제(Remedies in Real Property Disputes)

Remedies in real property disputes aim to address issues arising from ownership, possession, use, or damage to real property. These remedies can be legal, equitable, or statutory, depending on the nature of the dispute and the harm caused.

부동산 분쟁에서의 구제는 소유, 점유, 사용 또는 부동산 손해와 관련된 문제를 해결하는 데 목적이 있다. 이러한 구제는 분쟁의 성격과 발생한 손해에 따라 법적, 형평법적 또는 법정 구제로 나뉠 수 있다.

1. 법적 구제(Legal Remedies; Monetary Damages)

Legal remedies in real property cases involve financial compensation for losses or harm related to the property.

부동산 사건에서의 법적 구제는 재산과 관련된 손실이나 손해에 대한 금전적 배상이다.

1) 전보적 손해배상(Compensatory Damages)

Compensatory damages aim to reimburse the plaintiff for the harm or loss suffered due to the defendant's actions, such as trespass, damage to property, or breach of a real estate contract.

전보적 손해배상은 피고의 행위로 인해 원고가 입은 손해나 손실을 배상하는 것을 목표로 한다. 예를 들어, 무단침입, 재산 손해 또는 부동산 계약 위반 등이 이에 해당한다.

2) 결과적 손해배상(Consequential Damages)

Consequential damages compensate for indirect losses caused by the defendant's actions, provided they were foreseeable.

Example: If a landlord breaches a lease agreement and forces a tenant to vacate early, the tenant may recover moving expenses and increased costs for alternative housing.

결과적 손해배상은 피고의 행위로 인해 발생한 간접적 손실에 대한 배상이며, 이는 예측 가능해야 한다.

예시: 임대인이 임대 계약을 위반해 임차인이 조기에 이사를 가야 한다면, 임차인은 이사비와 대체 주거지의 증가된 비용을 청구할 수 있다.

3) 명목적 손해배상(Nominal Damages)

Nominal damages recognize a violation of the plaintiff's rights, even if no substantial harm occurred.

Example: A trespasser enters a property without causing any damage. The owner may recover nominal damages to affirm their property rights.

명목적 손해배상은 실질적인 손해가 발생하지 않았더라도 원고의 권리 침해를 인정하기 위해 지급된다.

예시: 무단침입자가 부동산에 들어왔으나 아무런 손해를 입히지 않았다면, 소유자는 재산권을 확인하기 위해 명목적 손해배상을 청구할 수 있다.

4) 징벌적 손해배상(Punitive Damages)

Punitive damages may be awarded in cases involving intentional, malicious, or egregious conduct. These damages punish the defendant and deter similar behavior.

Example: If a property owner intentionally destroys a neighboring property's fence out of spite, punitive damages may be awarded.

징벌적 손해배상은 의도적, 악의적 또는 심각한 행위가 있는 경우 피고를 처벌하고 유사한 행위를 억제하기 위해 부여된다.

예시: 부동산 소유자가 이웃의 울타리를 악의적으로 파괴한 경우, 징벌적 손해배상이 부과될 수 있다.

2. 형평법적 구제(Equitable Remedies)

Equitable remedies are non-monetary remedies that address the harm in a way that ensures fairness.

형평법적 구제는 금전적 배상이 아닌 방식으로 손해를 해결하여 공정성을 보장하는 구제이다.

1) 금지명령 (Injunction)

An injunction is a court order requiring a party to do or refrain from doing something that affects the property.

Mandatory Injunction: Requires specific actions, such as removing an illegal structure.

Prohibitory Injunction: Prevents specific actions, such as stopping a neighbor from trespassing.

Example: A property owner may seek an injunction to stop a neighbor from constructing a building that violates zoning laws.

금지명령은 법원이 특정 행위를 하거나 하지 않도록 명령하는 것이다.

적극적 금지명령(Mandatory Injunction): 불법 구조물의 제거와 같은 특정 행위를 요구하는 것이다.

소극적 금지명령(Prohibitory Injunction): 무단침입을 방지하는 것과 같이 특정 행위를 금지하는 것이다.

예시: 부동산 소유자는 이웃이 건축법을 위반하는 건물을 짓지 못하도록 금지명령을 요청할 수 있다.

2) 특정 이행(Specific Performance)

Specific performance compels a party to perform their contractual obligations. It is often used in real estate contracts since real property is considered unique.

Example: If a seller breaches a contract to sell a house, the buyer may seek specific performance to compel the sale.

특정 행위는 당사자가 계약상 의무를 이행하도록 강제하는 것이다. 이는 부동산 계약에서 자주 사용되는데, 부동산은 고유한 것으로 간주되기 때문이다.

예시: 매도인이 주택 매매 계약을 위반한 경우, 매수인은 특정 행위를 요청하여 매매를 강제할 수 있다.

3) 계약 해제(Rescission)

Rescission cancels a contract and restores the parties to their pre-contract positions. It is used when there has been fraud, mistake, or misrepresentation.

Example: A buyer discovers that the seller concealed material defects in the property. The buyer may seek rescission to cancel the sale and recover their payments.

계약 해제는 계약을 취소하고 당사자를 계약 체결 이전의 상태로 복원하는 것이다. 이는 사기, 착오 또는 허위 진술이 있는 경우에 사용된다.

예시: 매도인이 부동산의 중대한 결함을 은폐했음을 매수인이 발견한 경우, 계약 해제를 요청하여 매매를 취소하고 지급한 금액을 회수할 수 있다.

4) 계약 수정(Reformation)

Reformation allows the court to correct errors in a written agreement to reflect the true intentions of the parties.

Example: A deed mistakenly identifies the wrong parcel of land. The court may reform the deed to describe the correct property.

계약 수정은 서면 계약에서 발생한 오류를 수정하여 당사자의 진정한 의도를 반영하도록 하는 것이다.

예시: 계약서에 잘못된 토지 필지가 기재된 경우, 법원은 계약을 수정하여 정확한 부동산을 명시할 수 있다.

3. 부당이득반환(Restitution)

Restitution aims to prevent unjust enrichment by requiring the defendant to return any benefits they wrongfully gained at the plaintiff's expense.

Example: If a tenant overpays rent due to the landlord's mistake, restitution would require the landlord to return the overpaid amount.

부당이득반환은 피고가 원고의 비용으로 부당하게 얻은 이익을 반환하도록 요구함으로써 부당 이득을 방지하는 것을 목표로 한다.

예시: 임차인이 임대인의 착오로 인해 초과 임대료를 지급한 경우, 부당이득반환은 임대인이 초과 지급된 금액을 반환하도록 요구한다.

4. 부동산 분쟁에 특정된 구제 (Remedies Specific to Real Property Disputes)

1) 퇴거(Ejectment)

Ejectment is a legal action to regain possession of real property from a party wrongfully occupying it. The plaintiff must prove title to the property and the right to immediate possession.

Example: A landowner may file an ejectment action against a squatter to regain possession of their property.

퇴거는 부동산을 부당하게 점유하고 있는 당사자로부터 점유권을 되찾기 위한 법적 조치이다. 원고는 부동산에 대한 소유권과 즉각적인 점유 권리를 증명해야 한다.

예시: 토지 소유자가 무단 점유자를 상대로 퇴거 소송을 제기하여 부동산의 점유권을 되찾을 수 있다.

2) 소유권 확인(Quiet Title)

> A quiet title action resolves disputes over property ownership, clarifying the legal title and removing any adverse claims.
>
> Example: If two parties claim ownership of the same parcel of land, one may file a quiet title action to confirm their ownership and eliminate the other party's claim.

소유권 확인 소송은 부동산 소유권에 관한 분쟁을 해결하고 법적 소유권을 명확히 하며, 모든 반대 청구를 제거하는 것이다.

예시: 두 당사자가 동일한 토지 필지에 대한 소유권을 주장하는 경우, 한 당사자는 소유권 확인 소송을 제기하여 자신의 소유권을 확인하고 상대방의 청구를 제거할 수 있다.

3) 분할(Partition)

> Partition divides jointly owned property among co-owners, either physically (partition in kind) or by sale (partition by sale).
>
> Example: Two brothers inherit a piece of land but disagree on its use. A court may order a partition to split the land or sell it and divide the proceeds.

분할은 공동 소유의 부동산을 공동 소유권자 간에 나누는 조치로, 물리적으로 분할하거나 매각 후 수익을 나누는 방식이 있다.

예시: 두 형제가 토지를 상속받았으나 사용 방법에 대해 의견이 다를 경우, 법원이 토지를 분할하거나 매각 후 수익을 분배하도록 명령할 수 있다.

5. 재산 손해 또는 침범에 대한 구제 (Remedies for Property Damage or Encroachment)

1) 무단침입(Trespass)

Trespass remedies compensate for unauthorized entry onto the plaintiff's land, which may include compensatory, nominal, punitive damages, or injunction.

Example: If a neighbor regularly cuts across private land without permission, the owner may seek damages or an injunction to stop the trespass.

무단침입에 대한 구제는 원고의 토지에 대한 허가받지 않은 출입으로 발생한 손해에 대한 배상이며, 전보적 손해배상, 명목적 손해배상, 징벌적 손해배상 또는 금지명령이 있을 수 있다.

예시: 이웃이 허락 없이 사유지를 정기적으로 가로지르는 경우, 소유자는 손해배상 또는 무단침입을 중단시키기 위한 금지명령을 요청할 수 있다.

2) 생활방해(Nuisance)

Nuisance remedies address interference with the plaintiff's use and enjoyment of their property. Remedies may include damages or an injunction.

Example: A factory emits pollutants that harm a nearby homeowner's air quality. The homeowner may seek damages for the harm and an injunction to stop the emissions.

생활방해에 대한 구제는 원고의 부동산 사용 및 향유를 방해하는 행위를 해결하는 것이며, 손해배상 또는 금지명령이 있을 수 있다.

예시: 공장이 오염 물질을 방출하여 인근 주택 소유자의 공기 질에 해를 끼치는 경우, 주택 소유자는 손해배상을 청구하고 배출을 중단시키기 위한 금지명령을 요청할 수 있다.

3) 침범(Encroachment)

Encroachment occurs when a structure unlawfully extends onto another's property. Remedies may include damages, removal of the encroachment, or a forced sale.

Example: A neighbor builds a fence that extends onto the plaintiff's land. The court may order the neighbor to remove the fence or pay for the encroached portion of the land.

침범은 구조물이 불법적으로 다른 사람의 부동산에 걸쳐 있는 경우를 의미하며, 구제에는 손해배상, 침범물 제거 또는 강제 매각이 포함될 수 있다.

예시: 이웃이 설치한 울타리가 원고의 토지에 걸쳐 있는 경우, 법원은 이웃에게 울타리를 제거하거나 침범된 토지 부분에 대해 배상하도록 명령할 수 있다.

4) 훼손행위(Waste)

Waste refers to actions by a tenant or life tenant that reduce the value of the property. Remedies may include damages or injunctions.

Example: A life tenant allows a house to fall into disrepair, reducing its value for the remainderman. The remainderman may seek damages for waste.

훼손행위는 임차인이나 종신소유권자가 재산 가치를 감소시키는 행위를 의미하며, 구제에는 손해배상 또는 금지명령이 있을 수 있다.

예시: 종신소유권자가 집을 방치하여 재산 가치를 감소시킨 경우, 잔여권리자는 훼손 행위에 대한 손해배상을 청구할 수 있다.

Law of Remedies
미국 구제법

초판인쇄 2024년 11월 15일
초판발행 2024년 11월 19일
저 자 강병진 미국 뉴욕주 변호사

발 행 인 이수형
발 행 처 (주)법률신문사
출판등록 1980.4.22 제6-46호
주 소 서울특별시 서초구 서초대로 396, 1402호
대표전화 02-3472-0602~5
팩 스 02-3472-0606
홈페이지 www.lawtimes.co.kr

ISBN 979-11-5919-042-1(93360)
정 가 22,000원